KB093300

집에
들어온
인문학

집에 들어온 인문학

ⓒ 서윤영 2014

초판 1쇄	2014년 9월 25일
초판 6쇄	2019년 6월 21일

지은이   서윤영

출판책임	박성규	펴낸이	이정원
편집	박세중·이동하·이수연	펴낸곳	도서출판 들녘
디자인	조미경·김정호	등록일자	1987년 12월 12일
마케팅	이광호	등록번호	10-156
경영지원	김은주·장경선	주소	경기도 파주시 회동길 198
제작관리	구법모	전화	031-955-7374 (대표)
물류관리	엄철용		031-955-7381 (편집)
		팩스	031-955-7393
		이메일	dulnyouk@dulnyouk.co.kr
		홈페이지	www.dulnyouk.co.kr

ISBN	978-89-7527-007-9 (03300)	CIP	2014025741

이 도서의 국립중앙도서관 출판예정도서목록(CIP)은 서지정보유통지원시스템 홈페이지(http://seoji.nl.go.kr)와
국가자료공동목록시스템(http://www.nl.go.kr/kolisnet)에서 이용하실 수 있습니다.

값은 뒤표지에 있습니다. 파본은 구입하신 곳에서 바꿔드립니다.

집에
들어온

인문학

서윤영 지음

들녘

집, 세상을 들여다보는 거대한 망원경

지금 이 책을 펼쳐 든 여러분은 어떤 꿈을 꾸고 있나요? 잘 때 꿈을 잘 꾸지 않는 편이라고요? 아니요, 잘 때 꾸는 꿈 말고 '너의 꿈은 무엇이니'라고 물을 때의 꿈 말입니다.

저는 "너는 커서 뭐가 되고 싶니?"라는 말에 "글쎄요"라고 대답하던 아이였습니다. 제가 뭐가 되고 싶은지 저도 잘 알 수가 없었습니다.

진로에 대한 특정한 희망이 생긴 것은 중학교 2학년 때였습니다. 기술가정 시간이었습니다. '가정과 주택'이라는 과정을 배우고 있었는데, 선생님이 숙제를 내줬습니다. "앞으로 20년 후에 너희가 살고 싶은 집을 그려오라"고 말입니다.

'앞으로 20년 후라니……. 그럼 내가 서른다섯 살 때잖아?'

나는 그때 내가 살고 싶은 집보다는 20년 후 내가 서른다섯 살이 된다는 생각에 너무 놀라고 말았습니다. 서른다섯 살이 된 내 가족은 몇 명이나 될지, 나는 어떤 삶을 살게 될지 전혀 가늠이 되지 않았습니다. 그래서 엄마, 아빠, 나, 동생으로 이루어진 우리 가족이 살 만한 집을 대충 그려 갔습니다. 하늘색 방안지 위에 삼각자를 대고 1/100 축적으로 그리는 도면이었습니다. 휘뚜루마뚜루 그린 도면이고 보니 벽체는 비뚤어지고 문짝은 아귀가 맞지 않는 것이 난리도 아니었습니다. 부실 공사, 아니 부실 도면을 본 선생님이 말했습니다.

"이 도면의 축적은 1/100이지? 그러니까 네가 1밀리미터를 잘못 그렸으면 실제 건축 공사에서는 10센티미터가 잘못된다. 실제로 벽체와 기둥, 문짝의 길이가 10센티미터씩 잘못되었다고 생각해봐. 그 집이 어떻게 되겠니? 실제 건축도면을 그릴 때는 1/200, 1/300 축적도 많이 이용해. 그때 네가 1밀리미터를 잘못 그리면 실제로는 20, 30센티미터 정도 차이가 날 거야. 이 정도면 집 한 채를 무너뜨릴 수 있을 정도의 큰 오차야."

1밀리미터의 오차가 집을 무너뜨린다니 이 얼마나 섬세한 세계일까요? 그 말은 제 인생의 방향을 바꾸어놓았습니다. 제게 처음으로 꿈이 생겼으니까요. 지금도 그렇지만 문구점에서 파는 방안지에는 가늘고 푸른 선이 촘촘히 그어져 있어서 멀리서 보면 푸른색 종이로 보입니다. 그 푸른 종이 위에 난생처음으로 집을 그렸습니다. 방안지의 푸른색이 제게는 꿈의 색으로 느껴질 정도였습니다.

몇 년 후 저는 건축을 전공하는 대학생이 되었습니다. 그리고 건축을 공부하며 알게 되었습니다. 실상 건축 공부란 건물에 대해 배우기보다는 사람에 대해 더 먼저, 더 많이 배우는 공부라는 것을 말입니다.

저는 건축학과에 입학하면 건물이 무너지지 않도록 설계하는 방법, 높은 건물을 쌓는 방법, 아름다운 집을 짓는 방법에 대해 배우는

줄 알았습니다. 아, 물론 그런 것도 배웁니다. 건물은 절대 무너져서는 안 되니까요.

하지만 건물에 대한 것보다 사람에 대한 것을 더 많이 배웠습니다. 건축의 아름다움에 대한 것이 아니라 건축에 함축된 역사적 의미와 사회적 의미를 더 많이 배웠습니다. '건축'이 가지고 있는 여러 요소들을 명확히 하나로 정의하기는 힘듭니다. 건축에는 공학적인 측면도 있고 예술적인 측면도 있습니다.

그러나 많은 사람들이 간과하는 것 중 하나가 건축에 담긴 사회적 의미입니다. 인간은 사회적인 동물입니다. 그런 만큼 우리가 먹고 입고 생활하는 모든 것에는 사회적 의미가 담겨 있습니다. 그중에서도 '집', '건물'은 인간의 총체적인 생활과 모두 연관되어 있습니다. 우리는 먹고, 입고, 자고, 사람을 만나고, 일하고, 물건을 사고, 무언가를 보고 듣는 등 대부분의 행동을 다양한 건축물 안에서 하고 있으니까요.

우리가 사는 집, 우리가 오가는 건축물들은 그 자체로 일종의 사회현상이며, 사회의 흐름, 사람의 변화와 떼어서 생각할 수 없습니다. 이 책을 통해 집과 건축의 사회적인 측면을 보다 자세히 들여다보고자 합니다. 그럼 이제 건축의 인문학적, 사회적 의미를 탐색해볼까요?

차례

1부

집 안으로
들어오다

"너희 집은 한옥집이야, 양옥집이야?"

"한옥집. 너는?"

"우리 집은 양옥집이야. 너는?"

"우리 집은 아파트야."

"아파트? 신기하다."

이것은 제가 초등학교에 다니던 1980년대에 친구들과 흔히 주고받던 대화입니다. 그때만 해도 단독주택에 사는 아이들이 대부분이었고 아파트에 사는 친구가 오히려 적었는데 요즘은 반대가 되었습니다. 사람들은 대부분 아파트에 살고 있고, 누군가 한옥에 살고 있다고 말하면 오히려 신기해할 정도입니다. 어느새 아파트가 우리나라 대중주택이 된 것입니다.

아파트는 이제 우리나라의 '집' 이야기에서 빼놓을 수 없는 핵심이 되었습니다. 그렇다면 먼저 아파트의 기원과 유래는 무엇인지, 어떤 경로를 통해 우리나라에 들어오게 된 것인지를 알아봐야겠지요?

우리나라 건축법에서는 아파트를 '5층 이상의 공동주택'이라고 정하고 있습니다. 공동주택이란 적층積層주택을 의미합니다.

'적층'이란 여러 층이 층층이 쌓인 것을 말합니다. 하지만 적층주택이란 단순히 층들이 겹쳐진 2층집, 3층집을 말하는 것이 아니라 각층에 서로 다른 세대가 사는 것을 가리킵니다. 1층에는 거실과 주방이 있고 2층에는 침실이 있고 3층에는 작업실이 있는 집에서 한 가족이 살고 있다면 그것은 3층집일 뿐 적층주택은 아닙니다. 하지만 1층, 2층, 3층에 각각 다른 가구가 살고 있다면 적층주택이라 할 수 있습니다.

아파트에는 두 가지 특징이 있습니다. 여러 사람이 함께 사는 공동주거이자 층별로 서로 다른 세대가 사는 적층주거라는 점입니다. 사람들은 왜 건물을 층층이 쌓아 올려 살게 됐을까요? 아파트의 뿌리를 찾기 위해서는 약 2천 년 전 제정 로마 시대로 거슬러 올라가야 합니다.

당시 로마는 많은 주둔지를 거느린 거대 제국으로 성장하고 있었습니다. 도시가 비대해지고 인구가 몰리자 심한 주택난을 겪게 되었습니다. 본래 로마 시내에는 '도무스domus'라고 하는 부자들의 단독주택이 있었는데, 주택이 자꾸 부족해지자 도무스는 가난한 사람들을 위한 공동주택으로 개조되기 시작했습니다.

이 공동주택을 '인술라insula'라고 합니다. 인술라는 1층에는 상점, 2층부터는 집이 있는 4~5층짜리 건물로 요즘의 상가주택과 비슷한 건물입니다. 기원 무렵 로마 시대의 주택 비율은 도무스가 10%, 인술라가 90%를 차지했다고 합니다. 그야말로 인술라의 숲이었던 셈입니다.

❶ 1882년에 그려진 도무스의 상상도. 현관 내부를 표현한 그림이다.
   이 부분을 아트리움(atrium)이라고 하며, 천장에 유리창을 붙인 넓은 공간을 뜻한다.
❷ 인술라 유적의 모습.

인술라라는 단어에는 공동주택뿐 아니라 '섬', '고립된'이라는 의미도 있습니다. 영어로 반도를 뜻하는 페닌술라peninsula는 라틴어로 '절반'을 의미하는 '펜pen'에 섬을 뜻하는 인술라를 합친 말입니다. 지금도 우뚝 솟은 아파트를 도심의 고독한 섬이라 표현하기도 합니다. 2천 년 전 로마 사람들 역시 아파트를 '고립된 섬'에 비유했던 것입니다.

인술라는 그 내부 역시 고립된 섬이 되어가고 있었습니다. 당시 로마는 콘크리트 제조 기술이 발달해서 도시의 모든 건물을 콘크리트로 지었고, 인술라도 원래는 4~5층 높이의 콘크리트 건물이었습니다. 그런데 집 주인들은 세입자를 더 많이 받기 위해 콘크리트 건물 위로 목재로 얼기설기 엮은 방을 7~8층까지 지어 올리기 시작했습니다.

그러자니 부실 공사가 될 수밖에 없었습니다. 게다가 내부에는 상하수도와 주방도 갖추어져 있지 않았습니다. 여러 집이 한 개의 공동 우물을 사용했고 개별 화장실이 없어 곳곳에 마련된 공중화장실을 사용했습니다. 사람이 너무 많아 노상방뇨도 예사였습니다. 집 안에 변변한 주방이 없어서 음식을 만들 때는 간이 난로를 사용했는데 그러다 보니 불도 자주 났습니다. 이런 배경 때문에 일어난 재난이 그 유명한 네로 황제 시절의 '로마 대화재'입니다.

로마 대화재는 기원전 64년에 일어난 큰 화재입니다. 당시 가난한 사람들이 살던 인술라 밀집 지역에서 시작된 불은 6일 동안 꺼지지 않고 로마를 불태웠습니다. 네로Nero, 37~68 황제는 여름휴가차 별궁에 머무르고 있다가 화재 소식을 듣고 급히 달려와 진화에 주력했습니다. 화재는 로마 시내의 거의 절반을 태워버리고서야 진압되었고, 폐허가 된 로마를 복구하는 과정에서 네로 황제는 몇 가지 원칙을 세웠습니다.

첫째, 시내에 상하수도 시설과 소방도로를 완비할 것. 둘째, 주택을 새로 지을 때는 불에 타기 쉬운 목재 대신 돌·벽돌·콘크리트 등 불에 강한 소재를 이용할 것. 셋째, 인술라의 최고 높이는 약 7층 높이에 달하는 20미터 아래로 제한할 것. 넷째, 각 인술라는 불이 번지지 않도록 서로 3미터 이상의 간격과 빈 공간을 확보하도록 할 것. 다섯째, 불이 났을 때 이웃 세대로 쉽게 피난할 수 있도록 각 세대마다 발코니를 설치하도록 할 것. 건물의 최고 높이 제한, 건물 간 간격 의무화, 공간 확보 및 발코니 설치 등은 지금도 아파트 건축에서 지켜지는 중요한 규정입니다. 이런 법규들이 2천 년 전 로마에서 건축법으로 제정되었다는 것이 놀랍지 않나요?

네로는 이처럼 체계적인 건축법을 제정한 황제였지만 욕심이 과했던 나머지 화재 후 폐허를 재개발하는 과정에서 호화 궁전인 도무스 아우레아Domus Aurea, 황금궁전를 짓다가 민심을 잃고 실각하게 됩니다. 이후 트라야누스Trajanus, 53~117 황제가 집권하면서 네로의 황금궁전을 허물고 그 자리에 시민을 위한 전차 경기장을 세웠습니다. 그것이 지금의 콜로세움입니다.

네로가 호화 궁전을 짓기 위해 의도적으로 방화를 했다거나 불타는 로마 시내를 내려다보며 하프를 타고 시를 읊었다는 등의 이야기가 전해지지만 모두 확인되지 않은 야사입니다. 역사가에 따라서는 네로를 실각시키고 집권한 트라야누스가 자신의 위치를 공고히 하기 위해 네로에 대해 좋지 않은 소문을 퍼뜨렸다고 보는 견해도 있습니다.

이처럼 아파트의 역사는 2천 년을 거슬러 올라가는데, 이후 로마가

쇠퇴하고 문화 전반이 종교를 중심으로만 돌아가는 중세 시대를 거치면서 아파트의 역사도 주춤하게 됩니다. 아파트는 한 지역에 사람들이 많이 모여들 때 나타나는 주거 양식이기 때문에 도시가 발달하고 인구가 밀집해야 발달하기 때문입니다. 중세 시대에는 크게 번성했던 대도시가 별로 없었고, 이민족의 침입에 대비하기 위해 방어적인 성채 도시가 발달했습니다. 그래서 아파트, 즉 공동주거는 잠시 역사의 뒤로 밀려났다가 근세 이후에 다시 등장하게 됩니다.

▦ 산업혁명, 공동주택을 만들다

지금 우리가 사는 사회가 되기까지 인류는 역사적으로 참 많은 일들을 거쳐왔습니다. 그중에서 현대사회의 모습을 결정지은 중대한 사건을 두 가지만 꼽자면 프랑스 시민혁명과 영국의 산업혁명일 것입니다. 프랑스 시민혁명이 정치적인 변혁을 가져왔다면 영국의 산업혁명은 우리의 생활을 완전히 바꾸어 놓았습니다. 산업혁명을 통해 농업 중심이었던 산업은 공업 중심으로 옮겨갔고, 대부분의 물건들을 집안이나 마을에서 필요한 만큼 만들던 가내수공업 사회는 공장에서 대량으로 물건을 만들어내는 대량생산 사회로 바뀌었습니다. 이런 변화는 과학기술의 변화만을 뜻하는 것은 아니었습니다. 산업혁명은 18세기 영국 사회 전반에서 시작된 변혁의 결과였으니 말입니다.

당시 영국 농촌은 신분에 따라 하는 일이 정해져 있던 봉건제가 무너지며 체계적인 공장제 시스템이 도입되고 있었습니다. 또 농경지에서 농사를 짓는 대신 양을 키우는 인클로저 운동*이 확산되고 있었습니다. 양털이 비싼 값에 거래되었기 때문인데, 농작물을 키워야 할 농지에 양모를 얻기 위해 양을 키웠다는 것은 농업의 산업화와 상업화가 시작되었다는 증거였습니다.

또한 영국은 인도와 아프리카 등지에 넓은 식민지를 만들었습니다. 인도에서는 질 좋은 면화가 많이 생산되고 있었습니다. 영국 본토에서는 양모가, 식민지 개척으로 인도에서는 면화가 넘쳐나는 상황에서 이를 빨리 가공하여 직물로 생산하기 위해서는 기계의 도입이 필수적이었습니다. 산업혁명 초기에 발명된 기계들이 주로 옷감을 짜기 위한 방직기와 방적기인 이유가 여기에 있습니다.

농촌의 구조가 변하자 농지를 잃은 사람들이 도시로 몰려들어 노동력이 넘쳐났습니다. 원자재는 풍부했고, 식민지 개척으로 인해 국부도 증가하고 있었습니다. 그에 따라 신흥 중산층이 등장했고, 이들은 자신의 돈을 투자할 새로운 투자처를 찾는 중이었습니다.

산업혁명은 이러한 환경 속에서 탄생했습니다. 우후죽순처럼 공장이 세워졌고 맨체스터, 리버풀, 버밍엄 등과 같은 신흥 공업도시들이 생겨났습니다.

1801년 영국 최대 도시인 런던의 인구는 약 10만 명이었습니다. 그런데 50년이 지난 1851년, 맨체스터의 인구가 33만 8천 명, 리버풀은 39만 5천 명, 버밍엄은 26만 5천 명이었습니다. 얼마나 많은 사람들이 도시로 모여들었는지 상상이 가나요?

신흥 공업도시의 주거 환경은 열악했습니다. 산

업혁명 시대의 공장은 수력 발전에 의존했기 때문에 아무런 기반시설 없이 강가에 공장만 덩그러니 세워지곤 했기 때문입니다. 공장 한 곳에 500명의 인력이 필요하다면 공장 주변에 500세대가 살 만한 집과 학교, 상점과 교통시설 등이 마련되어야 하지만 당시 공장 주변에는 최소한의 주택조차 없었습니다.

그리하여 영국 역사상 최악의 주거난이 발생했습니다. 햇빛 한 줌 들지 않는 지하 셋방은 예사였고 간이 숙소, 한 방을 여럿이 사용하는 공동 방, 심지어는 방 하나를 두세 사람이 시간제로 나누어 쓰는 2교대·3교대 방도 생겼습니다. 공동 방과 2교대·3교대 방은 세상 어느 곳에서도 유래를 찾아볼 수 없을 정도로 지독한 인구과밀 때문에 나타났던 독특한 현상입니다.

문제는 여기서 그치지 않았습니다. 방이 모자라다 보니 창고나 부엌으로 쓰이던 지하실을 개조해 그곳까지 셋방으로 만들었습니다. 상하수도는 물론 화장실과 욕실도 마련되어 있지 않았고, 부엌과 식당을 겸하는 방 하나에서 일가족이 살아야 했습니다. 더욱이 공장 노동자들은 아일랜드에서 이주해 온 빈농들이 많았기 때문에 자녀가 많았고, 시골에서 돼지를 키우던 습관을 버리지 못해서 돈이 조금만 모이면 돼지를 사서 길렀습니다. 지하 단칸 셋방에 아이들과 돼지가 함께 뒹구는 것이 예사였고, 이러한 비위생적인 환경 속에서 콜레라와 결핵 등 각종 질병이 창궐해 가난한 목숨을 앗아갔습니다.

이에 영국 정부는 건축 조례를 발표해 몇 가지 방침을 세우기에 이르렀습니다. 위생시설을 개선해 최대 여덟 가구가 하나의 공동 화장실을 사용하도록 했고, 지하 주거를 금지하고 창의 최소 크기를 제한해 항상 방 안에 빛이 들어오도록 했습니다. 이는 당시에 유행하던 질병인 결핵을 예방하려는 조치이기도 했습니다. 결핵균은 습하고 햇빛이 들지 않는 지하 주거를 온상으로 삼아 퍼져나갔기 때문입니다.

새로 마련된 규제는 거주민들의 생활의 질을 어느 정도 높여주었지만 동시에 거주 유형을 획일화시켰습니다. 1층에는 거실 겸 부엌이 있고 2층에 침실이 있는 주택들이 채광을 확보하기 위해 일렬로 쭉 늘어섰습니다. 이 집들을 당시 로우하우스^{row house, 줄지어 늘어선 주택이라는 뜻}라 불렀습니다.

이후 규모가 조금 커지면서 1층에서 거실과 주방이 분리되고 2층에 두 개의 침실을 두었으며 때로는 3층에 다락방을 두는 등 변화가 생겼습니다. 이런 형태의 주택을 타운하우스^{town house}라고도 불렀습니다. 본래 타운하우스란 19세기 신흥 중산층의 주거 유형이지만, 3층 정도로 규모가 커지면서 노동자 주택도 타운하우스라 불리게 된 것입니다.

로우하우스든 타운하우스든 형태는 비슷했고, 이러한 주택들은 신흥 공업도시에 그야말로 줄을 지어 들어서게 됩니다. 근대적 아파트의 시초라고 봐도 무방합니다.

흔히 아파트라 하면 고층 주택만을 생각하지만 아파트의 가장 큰 특징은 집들이 벽과 벽을 공유하면서 맞붙는, 집합화된 주택이라는 점입니다. 집합화와 적층화는 아파트의 가장 큰 두 가지 특징입니다. 19세기 영국의 로우하우스는 집합화된 주택의 전형을 보여주고 있습니다.

시골 마을에 가보면 집들이 모두 멀찍이 거리를 두고 지어져 있습니다. 하지만 인구가 많아지면서 쓸 수 있는 땅이 좁아지면 집 여러

▶▶ 폴란드의 타운하우스. 일렬로 늘어서 있다.

채가 벽과 벽을 공유하면서 맞붙는 현상이 일어납니다. 같은 동 안의 아파트들이 나란히 늘어서서 옆집과 한쪽 벽을 공유하고 있듯이 말입니다. 이것이 바로 집합화입니다.

벽과 벽을 붙여도 사람들이 살 공간이 확보되지 않으면 다음 단계로 층을 쌓아 올리는 적층화가 일어납니다. 집합화가 일어난 다음 적층화가 일어나며, 그 반대 상황은 일어나지 않습니다. 로우하우스나 타운하우스는 적층화 이전, 집합화 단계에 있는 집이라고 볼 수 있습니다. 집합화된 주택이 영국에서 발생했다면 적층화된 주택은 같은 시기 프랑스에서 발달했습니다.

▓ 프랑스 대혁명, 높은 집을 만들다

아파트는 아파트먼트apartment의 줄임말입니다. 그래서 영미권에서 발달한 것이라 생각하기 쉽지만 사실 이 말은 프랑스의 '아파르트망appartment'에서 유래한 말이랍니다. 아파르트망은 '구획', '공간'이라는 뜻의 프랑스어입니다. 어쩌다가 '구획'이라는 말이 아파트의 뿌리가 되었을까요?

프랑스의 귀족 주택은 '오텔hotel'이라고 불렸습니다. '집'이라는 뜻입니다. 그러다가 19세기 이후 관광 여행이 보편화되면서 돈을 받고 숙박과 식음 서비스를 제공하는 집도 오텔이라 부르게 되었습니다.

오텔에는 직계가족 외에도 많은 군식구가 있었습니다. 부모님을 잃은 조카나 오갈 데 없는 친척 할머니, 독신이거나 남편을 잃은 고모와 이모, 어린아이를 돌볼 유모와 보모, 가정교사, 가장의 일을 돕는 비서와 집사, 허드렛일을 하는 하인과 하녀, 여기에 수시로 집안을 드나드는 식객과 손님까지 있었기 때문에 오텔의 규모는 매우 컸습니다.

이렇게 큰 집에 많은 사람들이 함께 살려면 영역을 구분해야겠지요? 지금 우리가 사는 집에서 거실과 침실의 기능이 나뉘어져 있듯이 말입니다. 요즘 아파트들은 거실과 침실로만 이루어져 있고 집으로 손님이 찾아오는 일도 드물지만, 옛날 귀족의 집들은 손님을 맞이하는 영역공적인 영역, public space과 가족들이 편히 쉬는 영역사적인 영역, private space으로 크게 나뉘어 있었습니다.

손님을 맞이하는 영역 안에서도 남편이 업무상의 목적으로 초대하는 손님을 맞이하는 장소, 아내가 초대하는 친지와 지인을 맞이하는 장소가 따로 있었습니다. 남편이 초대하는 손님들이 홀-대기실-식당-연회실 등 집의 호화로움이나 품격을 보여줄 수 있는 과시적인 공간으로 안내받았다면, 부인이 초대하는 손님들은 음악실-응접실-규방 등 비교적 아늑하고 친목을 쌓기 좋은 공간으로 안내받았습니다. 아울러 손님에게는 공개되지 않는 매우 사적인 영역도 있었습니다. 침실-의상실-화장실 등으로 구성된 공간입니다. 이 방들은 용도에 따라 서로 가까이 자리해 집 안에서 구획을 이루었습니다.

집이 일정 규모 이상으로 커질 경우 기능에 따라 몇 개의 공간군으로 나뉘는 것은 일반적인 현상입니다. 조선 시대 우리나라 사대부가 살던 집도 기능에 따라 안채, 사랑채, 별채, 행랑채 등이 나뉘어 있었으니까요. 아파트르망을 우리말로 옮긴다면 '채'라고 해야 할지도 모릅니다.

이렇듯 귀족은 몇 개의 아파트르망으로 구분된 거대한 오텔에서

호사스러운 생활을 하고 있었습니다. 그러나 18세기 프랑스 시민혁명이 일어나며 귀족사회는 붕괴했습니다. 혁명 이후 귀족들의 빈자리를 메우고 등장한 이들은 신흥 중산계층인 자본가들이었습니다. 이들은 '부르주아지bourgeoisie'라 불렸으며 오늘날에도 널리 통용되는 단어인 '부르주아'의 주인공들입니다.

구 귀족이 대가족 살림을 한 데 반해 부르주아지들의 살림은 단출했습니다. 부부와 자녀로 구성된 핵가족에 한두 명의 하녀를 두는 게 전부였습니다. 과거의 오텔은 이들에게 너무 컸기 때문에 기능별로 구분이 된 아파트르망을 하나씩 빌려 사용하기 시작했습니다. 우리나라에서도 동일한 현상이 있었습니다. 20세기 초, 몰락한 양반들은 집을 안채, 사랑채, 행랑채 등 채별로 신흥 계층에게 빌려주었습니다.

그 후 대규모 오텔들이 수리를 거쳐 부르주아지를 위한 아파트르망으로 개조되기 시작했고, 이 모습은 지금까지도 파리 시내에 고스란히 남아 있습니다. 지금의 파리는 19세기 나폴레옹 3세의 집권 아래 대대적인 재개발을 통해 완성된 것으로, 아직까지도 당시의 모습을 많이 간직하고 있습니다.

아파트르망의 모습을 구체적으로 살펴보면 1층에는 카페나 빵집, 약국, 꽃집 등 상점들이 들어서 있고 2층부터 7층까지 아파트가 들어서 있는 일종의 주상복합 건물입니다. 특이한 점은 한국의 아파트는 각 실의 주인들이 집을 사고팔 수 있지만 파리의 아파트르망은 하나의 건물이어서 방별로 매매는 불가능하고 빌려주는 것만 가능합니다. 이렇게 집을 층층이 쌓아 올리는 적층화는 프랑스에서 이후 더더욱 활발해졌습니다.

▶▶ 지금도 파리 시내에 즐비한 아파르트망. 1층에 상점이 있고 2층부터 아파트가 있다.

아파트가 현재의 모습을 갖추게 된 것은 1920~1930년대부터입니다. 당시 유럽은 제1차 세계대전이 끝나 전후의 복구에 힘을 기울이고 있었습니다. 이때 우리에게도 낯익은 현대적 아파트가 만들어졌습니다. 이런 새로운 주거 형태 건축을 제안한 것은 프랑스의 건축가 르 코르뷔지에Le Corbusier Charles Edouard Jeannere, 1887~1965입니다.

르 코르뷔지에가 새로운 주거로서 내세운 개념은 '녹지 위의 고층 주거'였습니다. 낮은 층의 집을 여러 채 짓는 것보다 고층 주택을 하나 짓는 것이 환경적으로 더 우수하다는 이론입니다. 이를테면 어느 마을의 총면적이 1만 평이고 여기에 100세대가 산다고 할 때, 각 세대가 모두 넓은 마당 딸린 1층집을 짓는다고 하면 집집마다 100평씩 땅을 나누어 집을 지을 수 있습니다. 각 집 주인은 집이 넓어 편리하겠지만 마을에 공용 공간은 만들 수가 없습니다.

하지만 다섯 집이 모여 5층짜리 아파트를 짓는다면? 아파트가 20채가 생기는 대신 남은 땅은 모두 공동으로 쓸 수 있는 여유 공간이 됩니다. 10층짜리 아파트를 짓는다면 공공용지는 더 많아집니다. 50층짜리 아파트를 짓는다면 두 채의 아파트가 들어설 자리 외의 땅은 모두 공공을 위해 사용할 수 있을 것입니다.

여럿이 모여 고층 아파트를 지을수록 공공용지는 많아집니다. 이런 땅에 공원, 녹지 시설, 어린이 놀이터 등 공공시설을 지으면 모두가 함께 이용할 수 있습니다. 따라서 주택은 단독주택보다 공동주택을 되도록 높게 지어 올리는 것이 주거 환경으로 우수하다는 것이 르 코르뷔지에가 주장한 기본원리였습니다. 그리고 이 원리는 현대 아파트에 그대로 적용되어 있습니다.

우리나라에는 아파트가 도입되던 초반 시기부터 지금에 이르기까지 아파트를 부정적인 시각으로 보는 사람들이 많습니다. 획일화된 거주 환경, 고층에 살기 때문에 나무나 흙 등 자연물을 접하기 힘든 특성, 이웃 간의 교류를 굳이 필요로 하지 않는 구조 등 때문에 '비인간적'이라는 비판이 계속해서 나오고 있습니다.

하지만 아파트에도 많은 이점이 존재합니다. 우선 고층이기 때문에 비교적 좁은 땅에 많은 집을 지을 수 있습니다. 또한 아파트는 공동주택이기 때문에 모든 시설을 공동으로 이용할 수 있습니다. 테니스장, 수영장, 체육시설, 정원 등을 각 단독주택에 개인이 마련한다면 경제적으로 큰 부담이 될 것입니다. 하지만 아파트는 공동주택이기 때문에 여럿이 비용을 분담하여 공동으로 시설을 마련하고 누구나 쉽게 이용이 가능합니다.

이런 시설 이용에는 물리적 시설의 이용뿐 아니라 서비스의 이용도 포함됩니다. 원래 귀족의 주택에는 문지기가 따로 있어 밤낮으로 집을 지켰고, 집사와 하인들이 있어 집안의 허드렛일을 했습니다. 지금은 아파트의 경비실과 관리실이 그 역할을 대신합니다. 경비실은 과거 문지기가 하던 것처럼 화재와 도난 등을 방지하고 있고, 관리실은 난방과 상하수도를 관리합니다. 그 사용료는 주민이 공동부담하기 때문에 개개인이 내야 할 금액은 훨씬 저렴해졌습니다.

르 코르뷔지에는 '주택은 살기 위한 기계'라는 이론을 주장했습니다. 다소 극단적으로 보이는 이런 주장이 나온 데는 당시의 시대적 배경이 자리 잡고 있습니다. 제1차 세계대전으로 유럽 사회는 크게 피폐해졌고, 무엇보다 파괴된 주택의 복구가 급선무인 상황이었습니다.

과거와 같이 고급스럽고 정교하며 우아한 예술성을 추구하는 주택보다는 쉽고 빠르게 지을 수 있는 튼튼한 주택이 요구되었습니다. 거기다 20세기는 기계 문명의 시대였습니다. 당시 '기계'라는 개념은 지금의 '바이오'나 '테크노' 등과 같이 새로운 신기술 일반을 지칭하는 일종의 수식어였습니다. 포드자동차가 새로운 컨베이어 벨트 시스템으로 자동차를 싼 값에 대량생산하여 자동차의 대중화 시대를 열었듯, 주택 역시 빠르고 튼튼하게 지어 값싸게 보급할 필요가 있었던 것입니다. '살기 위한 기계'라는 말 역시 그러한 맥락에서 나왔고, 실제로 아파트는 공장의 생산 라인을 연상시키는 기계적인 요소가 많이 도입되었습니다. 주택 외부에는 엘리베이터, 연결 복도, 옥상에 설치해 짐을 실어 오르내리는 곤돌라, 쓰레기를 버리는 장치인 더스트 슈트dust chute 등이 도입되었고, 주택 내부에는 주방과 화장실 안에서의 동선을 절약해 생산성과 능률을 향상시키고 낭비를 줄이도록 하는 구조를 만드는 것이 중요한 요소로 부각되었습니다. 시스템 키친system kitchen이라고도 불리는 현대의 주방은 자동차 공장의 컨베이어 시스템에서 영향을 받아 만들어졌습니다.

1920~1930년대에 창시된 이러한 개념들은 현재에까지 영향을 미치고 있습니다. 21세기에 살고 있지만 아직도 우리는 20세기의 그늘에서 벗어나지 못하고 있는 것입니다. 아파트 역시 마찬가지입니다. 20세기 초 르 코르뷔지에가 주창한 두 가지 개념, 즉 '녹지 위의 고층주거'와 '살기 위한 기계'는 곧 한국에도 상륙하게 됩니다.

우리나라에 지어진 최초의 아파트를 찾아보기 위해서는 일제강점기로 거슬러 올라가야 합니다. 일제는 1930년대부터 한반도를 병참기지화하면서 공장을 건설했고, 조선으로 파견된 일본인과 노동자들을 위해 공동주택을 지었습니다. 대표적인 것이 회현동과 내자동에 지어진 미쿠니三國 상사의 미쿠니 아파트입니다.

미쿠니 아파트는 독신용과 가족용으로 나뉘어져 있었으며 18평 규모에 방 두 개, 별도의 주방과 화장실 등이 마련되어 있었습니다. 민간에 분양된 것이 아니라 공장에서 일하는 사원 가족에게 제공된 일종의 사택이었습니다. 최초의 근대적 아파트가 영국에서 노동자에게 최소한의 인간다운 주거 환경을 제공하기 위해 만들어졌다는 것을 생각해보면, 미쿠니 아파트 역시 비슷한 목적으로 지어졌다 볼 수 있겠습니다.

지금과 같은 민간 아파트는 1950년대가 되어서야 나타났습니다. 한국전쟁이 끝난 뒤 중앙아파트1956년. 서울시 중구 주교동, 종암아파트1958년. 서울시 성북구 종암동, 개명아파트1959년. 서울시 서대문구 충정로 등이 처음 지어졌습니다. 중앙아파트는 사원용 기숙사였지만 종암아파트와 개명아파트는 일반에게 분양된 최초의 아파트였습니다. 이후 단지를 조성하고 단지 안에 공공녹지를 꾸미는 등 첨단 아파트를 표방하는 마포아파트1964년. 서울시 마포구 도화동가 세워졌는데, 이 마포아파트는 우리나라 아파트 시대의 문을 열었다고 해도 과언이 아닙니다.

사실 마포아파트가 완공되었을 때까지만 해도 사람들은 아파트를

▶▶ 마포아파트의 전경을 찍은 항공사진.

환영하지 않았습니다. 낮은 단독주택에 익숙해져 있던 사람들 눈에 고층 아파트가 낯설게 느껴졌기 때문입니다. 아직 농경문화의 영향이 강하게 남아 있던 때라 창밖에 발 디딜 땅이 없는 주거 환경은 어색하기만 했습니다.

게다가 마포아파트는 연탄 보일러를 사용했는데 그 때문에 연탄 가스가 샐 위험이 있다는 소문도 돌았습니다. 아파트를 지은 현장 소장이 연탄 가스가 샌다고 소문난 방에서 잠을 자며 안전성을 홍보할 정도였습니다. 이런저런 이유로 마포아파트의 초기 입주율은 10% 정도에 불과했습니다.

하지만 사람들이 시대의 변화에 적응하면서 마포아파트의 위상 역시 점점 변해갔습니다. 여러 매체는 아파트를 서구 주거 양식을 대표하는 선진적인 주택이라며 호의적으로 다루었고, 드라마나 영화에 등장하는 부잣집의 배경으로도 아파트는 자주 등장했습니다. 그러는 사이 아파트에 대한 인식이 달라졌습니다. 처음에는 분양이 되지 않아 골치를 썩이던 마포아파트는 어느새 웃돈을 줘야만 입주할 수 있는 고급 주택이 되어 있었습니다. 아파트가 '낯설고 무서운 집'에서 '앞서 나가는 사람들이 사는 고급스러운 집'이 된 것입니다.

이때의 아파트들은 높이가 최고 5~6층에 복도식이었습니다. 13평, 17평, 24평 등 비교적 작은 평수만을 갖추고 있었고 1~2개 동으로 이루어져 있었습니다. 요즘 시각으로 보면 아파트라기보다는 연립주택과 비슷했지만 엄연히 우리나라에 처음으로 뿌려진 아파트의 씨앗이었으며, 이를 1세대 아파트라고 합니다.

그 후 세워진 1970년대 여의도 시범단지 아파트와 반포1차 아파트 단지를 필두로 아파트들은 본격적으로 고층화·대단지화·대형화되기 시작했습니다. 여의도 아파트는 높이가 10층에 다다랐고 엘리베이터, 중앙 난방, 기름 보일러 등이 사용되었습니다. 평수도 20~40평형대 위주로 커졌습니다. 1980년대에 들어서는 잠실 아파트 단지와 상계동 아파트 단지 등이 만들어지며 아파트 단지는 점점 커졌습니다.

이러한 대단지화가 극단적으로 진행된 것이 1990년대 초 일산과 분당을 비롯한 신도시들입니다. 무지개마을, 개나리마을 등 아파트 단지의 이름으로 지명이 정해지기도 했습니다. 아마 이 책을 읽는 독자들 중에서도 이런 아파트 단지에 살고 있는 경우가 있을 것입니다. 1970~1990년대에 지어진 이러한 아파트를 2세대 아파트라고 합니다. 대단지화, 즉 높이만 높아진 것이 아니라 수평적으로 규모가 커진 것이 특징입니다.

한편 1990년대부터 2000년대 초반에는 또 새로운 형식의 아파트들이 등장했습니다. 흔히 'OO팰리스'라는 이름이 붙은 초고층 주상복합 아파트입니다. 도심지의 업무용 빌딩에나 어울릴 만한 60~70층 높이에 각 실이 60~100평 정도 되는 대형 아파트들입니다. '주상복합'은 주거 공간과 상업 공간이 한 건물에 있다는 뜻입니다. 이름에 걸맞게 1~2층에는 상점들이 있고 그 위층부터 주거용 아파트가 있습니다.

2세대의 대단지 아파트들은 단지 내에 독립된 상점들을 갖추고 있는 반면 주상복합 아파트들은 아파트 저층부에 상점이 있다는 것이 특징입니다. 아울러 헬스 클럽, 파티장, 호텔 로비 형태의 프론트 등 기존의 아파트와 차별화된 부대시설이 마련되어 있습니다. 이러한 초고층 주상복합 아파트를 3세대 아파트라 합니다. 2세대 아파트가 수평적으로 확장된 결과물이라면 3세대 아파트는 수직적 확장이 이루어진 결과물이라고 볼 수 있습니다.

3세대 아파트가 등장한지도 십여 년이 지난 지금, 아파트는 아직 수평으로도 수직으로도 더 이상 확장되지는 않고 있습니다. 4세대 아파트는 아직 등장하지 않은 것입니다.

과거 아파트가 발달한 가장 큰 이유는 1960~1970년대에 걸쳐 경제가 급속히 성장하며 서울로 인구가 집중되어 주택이 부족해졌기 때문이었습니다. 하지만 2000년대부터 한국은 저성장 사회로 돌입했습니다. 1960~1970년대와 같은 급속 성장은커녕 경제 성장 자체가 힘겨운 일이 되었습니다.

게다가 그동안 아파트들이 우후죽순 들어서며 예전처럼 주거 공간이 부족하지 않게 되었고, 베이비 붐baby boom* 세대가 은퇴하며 사회가 노령화되어 주택 부족은 더 이상 심각한 문제가 아니게 되었습니다. 오히려 출산율이 떨어지고 새로 집을 구매할 젊은 층의 수가 줄며 아파트를 지어도 더 이상 팔리지 않는 주택 과잉 문제를 걱정해야 할 상황이 되었습니다.

그래서 주택 역시 무조건적인 양적 팽창보다 질적 향상으로 방향 전환을 하고 있습니다. 획일적인 아파트의 숲에서 탈피하여 보다 친환경적인 대안 주택들이 등장한 것입니다. 최근 유행하기 시작한 타운하우스를 비롯해 도시 한옥, 전원주택 등은 고층고밀高層高密의 아파트가 아닌 저층저밀低層低密의 주택입니다.

1950~1960년대 우리나라에 아파트의 첫 씨앗이 뿌려진 이후 50여 년이 지났습니다. 그사이 5층짜리 아파트는 100층의 초고층 아파트로 고속 성장을 했습니다. 마치 우리나라의 고도성장을 그대로 상징하듯 말입니다.

급격한 경제 성장이 우리 사회에 부와 풍요를 가져다주었지만 많은 문제를 낳았듯이, 아파트 역시 급격한 변화에 따라 많은 문제점을 낳았습니다. 이제 아파트는 어떻게 진화하게 될까요? 제4세대 아파트는 과연 어떤 형태이며, 지금 우리가 살고 있는 아파트가 만든 문제들은 어떻게 해결해야 할까요? 집의 미래를 상상하기 위해서는 먼저 좀 더 옛날로 돌아가 우리나라 주거의 과거부터 알아보아야 합니다.

*
전쟁이 끝난 후나 불경기 후 사회가 안정되는 시기에 출생률이 급격하게 증가하는 현상을 뜻한다. 한국에서는 1955년에서 1964년 사이에 태어난 사람들이 베이비 붐 세대이며 약 900만 명이다.

"달아 달아 밝은 달아 이태백이 놀던 달아
저기 저기 저 달 속에 계수나무 박혔으니
옥도끼로 찍어내고 금도끼로 다듬어서
초가삼간 집을 짓고 양친부모 모셔다가 천년만년 살고지고."

지금도 불리는 전통민요 〈달타령〉입니다. 밝은 달을 바라보며 작은 집을
지어 부모님과 함께 오래도록 살고 싶다는 소박한 소원을 빌고 있는데,
달 속의 계수나무를 베어 짓는 집이 '초가삼간'입니다. 우리나라 전통주거
를 말할 때 흔히 등장하는 초가삼간은 과연 어떤 집이었을까요?

⠿ 따뜻한 공간, 온돌

기와나 초가지붕, 나무로 세운 기둥, 황토를 바른 벽……. '전통 가옥'이라는 말을 들으면 떠오르는 이미지들입니다. 다양한 특징들 중에서도 우리나라 전통 주거의 가장 큰 특징을 꼽자면 온돌일 것입니다. 아궁이에 땐 불 위에 솥을 걸어 밥을 하고, 그 열기로 방구들을 데워 난방을 하는 온돌. 불 하나로 조리와 난방을 동시에 해결하는 온돌은 세계 어디에도 찾아볼 수 없는 우리의 고유문화입니다. 그렇다면 이 온돌은 언제부터 발달했을까요?

우리 전통 문화는 북방에서 유래한 북방문화와 남방에서 유래한 남방문화가 혼합되어 발달했습니다. 주거문화도 마찬가지입니다. 온돌은 겨울이 길고 추운 북방에서 발달한 문화입니다. 1044년부터 1060년에 걸쳐 집필된 중국 역사서 『신당서新唐書』의 동이전 고구려조에는 "고구려의 가난한 백성들은 겨울에 장갱長坑을 만들어 불을 때고 난방을 한다"는 기록이 남아 있습니다. 학자들은 이 장갱을 온돌의 시초로 봅니다. 장갱은 지금의 온돌과 모양이 조금 다릅니다. 지금의 온돌이 방 전체를 데우는 온구들이라면 고구려의 장갱은 방의 일부는 데우는 쪽구들입니다.

인류가 한반도에 정착 생활을 했던 초기 흔적은 현재 암사동 선사시대 유적지에 남아 있습니다. 집 한가운데 불을 피우고, 불이 번지는 것을 막기 위해 둘레에 돌을 둘러쌓았습니다. 시간이 지나 돌 대신 황토로 불 둘레를 감싸는 틀을 만들면서 화덕이 생겼습니다. 불을 피우면 연기가 많이 나기 때문에 굴뚝을 설치하여 연기를 밖으로 빼야 합니다. 이때 누군가가 화덕의 열기가 빠져나가는 통로에 두꺼운 판을 얹어 그 위에 앉으면 따뜻할 뿐더러 불이 꺼진 뒤에도 온기가 남는다는 것을 발견했을 것입니다. 저녁에 한번 불을 피워 판을 데우면 다음 날 아침까지도 따뜻했습니다. 이렇게 최초의 구들이 만들어졌습니다.

사람들은 '이 구들을 좀 더 길게 만들어서 여러 사람이 함께 앉거나 눕게 만들 수는 없을까?'라고 생각했을 것입니다. 구들이 길면 길수록 많은 사람들이 이용할 수 있겠지만 좁은 집에서 무한정 길게 만들 수는 없기 때문에 ㄱ자로 꺾어 만들게 되었습니다. 이것이 바로 고구려 시대에 만들어진 쪽구들이자 『신당서』에 기록된 장갱의 모습으로, 방 전체가 온돌로 이루어진 지금과는 다른 모습의 부분 구들입니다.

구들이 아닌 곳은 그냥 흙바닥이었습니다. 『신당서』에는 고구려인들이 집 안에서 신발을 신고 생활했다는 기록도 남아 있습니다. 그들은 쪽구들 위에서만 신발을 벗었는데, 쪽구들의 높이는 대략 40~50센티미터 내외로 소파나 침대 높이와 비슷했다고 합니다. 평소에는 신발을 신고 구들 위에 앉아서 생활하다가 잘 때는 쪽구들을 침대처럼 이용했으리라 추측됩니다. 이러한 쪽구들이 고려 시대에 이르러 점차 크기가 커져 방 전체를 데우는 온구들이 되었고, 그 뒤로는 실내에서 신발을 벗고 생활하게 되었습니다. 가끔 삼국 시대를 배경으로 하는 사극을 보면 실내에서 신발을 신은 채 의자 생활을 하는 것을 볼 수 있습니다. 실내에서 신발을 벗고 좌식 생활을 하기 시작한 것은 고려 시대 온구들, 즉 온돌이 확산되면서부터입니다.

이렇듯 온돌은 고려 시대부터 서서히 남쪽으로 내려와 조선 시대

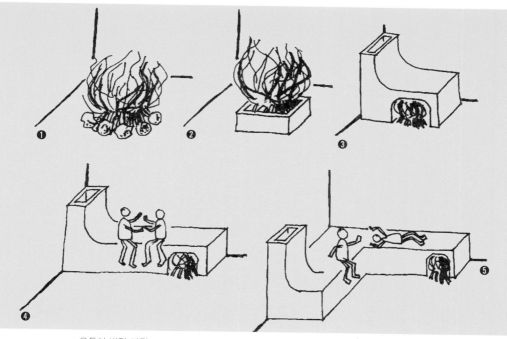

▸▸ 온돌의 발전 과정.

에는 전국적으로 확산된 것으로 보입니다. 조선 중기부터는 각종 문
헌에 온돌의 폐단을 지적하는 글들이 많아졌습니다. 이를테면 1661년
정승 이경석이 현종에게 올린 상소에는 "선조들은 집무하는 방들을
모두가 마루방으로 만들었고 온돌은 내간용으로밖에 쓰지 않았는데,
요즘은 모두 온돌로 바꾸니 그 구들을 덥히기 위한 땔감의 낭비가 심
합니다"라는 내용이 있습니다. 아울러 18세기의 실학자 이익은 "마루
방에 잘 때는 병이 없었는데 온돌에서 살기 시작하면서 병이 생기고
있다"고 비판했으며, 19세기 초 실학자 이규경은 "얼마 전까지만 해도
공경이나 귀족들의 큰 집에도 온돌이 불과 한두 칸 밖에 없어 노인이

나 환자의 거처로 쓰였을 뿐, 여타 식구들은 마루방에서 잠을 잤다"고 썼습니다.

온돌을 한국 전통 문화의 자랑으로 여기는 현재의 시각으로 보면 쉽게 이해가 되지 않는 부분입니다. 당시 실학자들은 땔감이 많이 들어 산림이 훼손된다는 점을 들어 온돌에 반대했습니다. 어쨌든 조선 중기 이후에 들어 유난히 온돌의 폐단을 지적하는 글들이 많다는 것은 조선 중기에 이르러 온돌이 전국적으로 확산되었다는 뜻이기도 합니다.

온돌을 사용하면 구조적 특성상 항상 부엌과 안방이 서로 맞붙어 있게 됩니다. 온돌의 조상이라 볼 수 있는 쪽구들은 음식을 만드는 부뚜막과 바닥 난방을 하는 방의 구분이 모호합니다. 지금도 함경도 지방의 '정주간'*에는 고구려의 쪽구들 형태가 남아 있습니다. 고려 시대를 거치면서 부엌과 안방 사이에 칸막이벽을 세워 둘을 구분하기 시작했습니다.

집의 가장 중요한 기능이 밥을 지어 먹고 잠을 자는 것인 만큼, 밥을 짓는 부엌과 잠을 자는 안방은 주택에서 가장 중요한 공간입니다. 우리 전통 가옥들은 작은 초가집이라 해도 세 칸의 공간을 필수적으로 갖추었습니다. 부엌 한 칸, 방 한 칸, 그럼 나머지 한 칸은 무엇일까요? 그것은 바로 마루입니다.

⚏ 높은 공간, 마루

'마루'의 사전적 의미는 '바닥에 나무 널빤지를

*
부엌과 안방 사이에 벽을 세우지 않고 부뚜막과 방바닥을 하나로 합친 큰 방

▶▶ 일본에 남아 있는 고상식 창고 유적.

간 공간'입니다. 지표면에서 40~50센티미터 정도 떨어져 있으며 바닥 난방을 하지 않는다는 특징이 있습니다. 온돌이 북방 지역에서 발달했다면 마루는 남부 지역에서 발달했습니다.

마루는 시원해서 여름을 나기 좋았습니다. 지상으로부터 어느 정도 높이를 떨어뜨려 만들어 습기와 해충, 뱀 등을 피했습니다. 그래서 전통 주거에서 마루는 사다리를 통해 드나드는 공간이었습니다. '높은 마루 형태의 집'이라는 의미로 고상주거高床住居라고도 합니다.

이런 형식의 집은 우리나라뿐 아니라 일본, 중국 양쯔강 남쪽, 말레이시아, 인도네시아 등지에서도 눈에 띕니다. 아프리카나 동남아시아 지역에서는 지금도 고상주거에서 사는 사람들이 있습니다. 이들 지역의 공통점은 무덥고 습하다는 것입니다. 우리나라에서도 고상주거는

▶▶ 경북 성주에 있는 한주정사의 누마루. 마치 베란다처럼 높은 곳에 난간을 세우고 돌출시킨 마루가 누마루이다.(공공누리에 따라 문화재청의 공공저작물 이용)

남부 지방, 즉 김해와 가야에서 발달했습니다. 현재 김해에는 가야 시대의 건축물을 복원해놓았는데, 원두막 형태의 마루집이 주를 이룹니다. 마루집은 정자 혹은 누마루*와 비슷해서 바닥은 마루널로 되어 있고 난방을 하지 않습니다. 지상에서 높이 떠올라 있기 때문에 출입을 할 때는 서너 걸음 높이의 사다리를 이용했습니다.

삼국 시대부터 북방의 온돌은 점점 남쪽으로 내려가고, 남방의 마루는 점점 북쪽으로 올라가 고려 시대에는 온돌과 마루를 모두 갖춘 집이 개경과 한양을 중심으로 생겨났습니다. 고려 시대의 문헌 중에는 '욱실燠室과 냉청冷廳', '온실溫室과 냉재冷齋', '욱실燠室과 냉헌冷軒'이라는 표

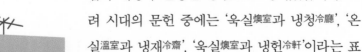

*
다락처럼 높게 만든 마루. 세 면이 바깥을 향해 뚫려 있고 난간을 쳐 집에서 이어지는 정자나 누각처럼 보인다. 주로 양반집의 사랑채에서 이어지도록 설치했다.

현들이 자주 사용됩니다. 이는 따뜻한 방욱실, 온실 등과 서늘한 마루냉청, 냉재, 냉헌 등를 뜻하는 것인데 이런 기록을 통해 한 지붕 아래 온돌과 마루가 공존하게 되었음을 알 수 있습니다. 이처럼 서로 다른 요소가 결합하는 것은 건축이 발전하는 과정입니다.

온돌과 마루가 한 지붕 아래 자리 잡게 된 것은 매우 획기적인 일이었습니다. 우리나라는 여름과 겨울의 기온 차가 크기 때문에 여름의 혹서와 겨울의 혹한을 모두 견딜 수 있는 집이 필요했기 때문입니다.

옷은 여름옷과 겨울옷이 구분되어 있어서 여름에는 여름옷을, 겨울에는 겨울옷을 입으면 됩니다. 하지만 집은 여름 집, 겨울 집을 따로 지을 수는 없는 노릇이었습니다. 그런 점에서 온돌과 마루가 공존하는 집을 지은 것은 매우 뛰어난 발상이었습니다.

마루를 뜻하는 두 글자, 상床과 청廳

하지만 최근에는 마루에 대한 새로운 학설이 나왔습니다. 마루도 북방에서 처음 만들어졌다는 것입니다. '마루'의 본래 어원은 'ㅁ.ㄹ'로 '높다'라는 뜻입니다. 우리 몸에서 가장 높은 부분을 머리라고 하며, 무리에서 가장 높은 사람을 우두머리라 합니다. 강화도의 마니산은 본래 '마리산'이라 불렀는데 이는 '높은 산'이라는 뜻입니다. 실제 산이 높다기보다는 하늘에 제사를 지내던 신령한 산이라는 의미가 더 강합니다. 산의 정상을 산마루라고 하듯 마루의 본래 뜻은 '높은 공간'인데, 여기에도 알고 보면 두 가지 의미가 있습니다.

우선 물리적으로 높다는 뜻입니다. 원두막, 정자, 누마루 등은 지상에서 높이 떨어져 있습니다. 한편 '높은 사람이 거주하는 높은 곳'이라는 의미도 있습니다. 북방에서 쓰이는 마루는 후자의 의미가 더 강했습니다.

고구려 고분 중 하나인 〈팔청리 고분 벽화〉에는 사람 키 높이의 다락집이 그려져 있으며, 〈덕흥리 고분 벽화〉에는 다락집에 사다리를 걸치고 올라가는 사람의 모습이 그려져 있습니다. 이는 3세기경 중국 진나라에서 쓰인 『위지동이전魏志東夷傳』에 기록된 곡식창고 '부경桴京'을 묘사한 것으로 보입니다. 이 책에서는 고구려를 묘사하며 "나라에 큰 창고가 없으며 집집마다 각기 조그만 창고를 가지고 있는데 이를 이름하여 부경이라 한다"고 썼습니다. 한민족의 시작점이라 알려진 바이칼 호수 주변 마을과 만주 지방에서는 벽화에 묘사된 부경과 같은 형태의 곡식 창고를 지금도 사용하고 있습니다.

단순한 곡식 저장고를 왜 높은 곳에 지어야 했을까요? 부경의 기원은 청동기 시대로 거슬러 올라갑니다. 인류가 처음으로 마을을 이루어 살기 시작한 때입니다. 청동기 시대의 마을 유적을 보면 마을 사람들이 사는 움집 외에 높다란 마루집이 있습니다. 마을 한가운데 있는 이 마루집은 규모도 크고 높이도 매우 높습니다. 그리고 마루집 바로 옆에는 일반적인 움집보다 훨씬 큰 움집이 있습니다. 이것은 족장의 움집입니다. 따라서 이 마루집은 마을 공동 소유이거나 족장의 곡식 창고였던 것으로 추정되며, 이것이 철기 시대인 고구려에 와서 부자들의 개인 곡식 창고로 변화한 것으로 보입니다. 곡식이 곧 돈이던 당시의 시각으로 보면 곡식 창고는 집 안에서 가장 중요한 곳입니다. 곡식이 요즘의 돈이나 집문서와 같은 재산 가치를 지니고 있었으니, 특별히 높은 곳에 보관해 침입에 대비하고 훔치기 어렵도록 만든 것입니다.

또한 마루집은 단순히 창고로만 쓰이지 않았습니다. 마을 회의를 하는 집회실로도 쓰였고 이웃 마을의 침입을 감시하기 위한 망루로도 쓰였습니다. 집회실이나 감시용 망루라는 기능을 수행하는 곳이니 '높은 공간', 즉 그 역할이 중요하고 귀한 공간이라는 의미가 강했을 것입니다. 이는 지금도 광한루, 경회루, 만대루 등과 같은 큰 누각의 형태로 남아 있습니다. 이런 누각은 집회나 회의, 잔치 때에 쓰였던 공간입니다.

마루를 뜻하는 한자는 두 가지가 있습니다. 상床과 청廳입니다. 이 두 한자는 공통적으로 '마루'라는 의미를 가지고 있지만 그 뉘앙스가 구분됩니다. '상'은 물리적인 마루, 즉 남방에서 여름을 나기 위한 장소로서 땅에서 높이 띄워진 고상주거를 가리킵니다. '청'은 중요한 일을 하거나 중요한 물건을 보관하는 장소로서 그 권위와 위상이 높은 장소를 뜻합니다. 지금도 시청, 도청, 군청, 병무청, 철도청과 같은 관청의 명칭에 '청'을 사용한다는 점이 이를 뒷받침합니다. 반면 동사무소나 면사무소 같은 하급관청에서는 '청' 자를 쓰지 않습니다.

청동기 시대는 인류 역사에서 지배와 피지배의 계급 관계가 처음 등장했던 때이기도 합니다. 건축에서도 청동기 시대의 유적에서부터 지배 공간인 '마루'가 등장하는 점은 흥미롭습니다. 과연 마루가 북방에서 기원하였는지 남방에서 기원하였는지 아직 확실히 밝혀지지 않았지만, 어찌되었든 마루가 물리적으로나 추상적으로나 '높은' 공간이라는 것은 분명합니다.

부엌, 안방, 마루. 이 세 칸의 공간은 우리나라 전통 주거에서 가장 중요한 세 가지 필수 요소입니다. 비단 우리나라뿐만 아니라 일본과 중국 및 베트남까지 유교문화권의 주택은 전면이 세 칸으로 이루어진 집이 일반적입니다. 구성 역시 동일해서 일명이암—明二暗, 즉 가운데에는 밝은 마루양의 공간가 있고 그 양쪽에 어두운 방음의 공간이 자리하고 있습니다.

그런데 우리가 말하는 '초가삼간'에서의 삼간은 부엌, 안방, 마루가 아닌 방-마루-방의 구조를 가리킵니다. 방 옆에 부엌이 붙으면 이 부엌은 거주 공간이 아닌 부속 공간으로 간주하여 칸 수에서 제외시켰습니다.

우리의 전통 주거는 '방'과 '간'을 구분합니다. '방'은 신발을 벗고 앉아 생활하는 거주 공간이자 실내 공간이고, '간'은 신발을 신은 채 일을 하는 노동 공간이자 실외 공간입니다. 방의 예로는 안방·건넌방·큰방·작은방 등이 있고, 간의 예로는 외양간·측간·방앗간·대문간 등이 있습니다. 부엌 역시 궁중에서는 수라간이라 하고 사찰에서는 공양간이라 부를 만큼 대표적인 가사노동간입니다. 따라서 방-마루-방으로 이루어진 집을 전통적인 세 칸 집으로 여기고, 부엌은 칸 수에서 제외한 것입니다. 마루 하나에 방 두 개. 요즘의 18평이나 24평 정도의 소형 아파트와 같은 구성이라 할 수 있을 것입니다.

⚏ 그 많던 한옥은 다 어디로 갔을까?

온돌과 마루를 함께 가지고 있는 우수한 건축물인 한옥. 하지만 현재 서울 등 대도시를 비롯한 전국의 집들은 아파트 일색이며, 단독주택도 대부분 양옥집입니다. 한옥은 거의 남아 있지 않습니다. 이는 일찍이 산업화가 진행된 유럽 각국은 물론 일본, 중국 등지에서 전통 건축이 주택으로 활용되는 것과 비교해 안타까운 일입니다. 일제강점기와 한국전쟁을 연달아 거치며 과거와 급격히 단절된 것이 가장 큰 이유겠지만, 건축적인 관점에서도 여러 가지 이유를 찾을 수 있습니다.

도심에 한옥을 짓기 어려운 첫 번째 이유는 한옥이 목조주택이기 때문입니다. 우리의 전통 건축은 통나무로 기둥을 세우고 지붕을 덮는 구조입니다. 그런데 목조주택은 화재에 매우 취약합니다. 특히 도시의 주택들은 집을 지을 땅의 면적이 협소해 서로 다닥다닥 붙어 있습니다. 이때 불이 나면 도시 전체로 불이 번집니다. 그래서 도시의 주택은 불에 잘 타지 않는 소재인 벽돌, 콘크리트 등으로 지어야 합니다. 런던이나 파리, 도쿄, 베이징처럼 역사가 오랜 도시들은 근대 도시로 성장하면서 도시에 목조주택 건축을 금지하는 방안이 추진되었습니다. 한양 역시 개화기에 해당하는 20세기 초에 목조주택 대신 불에 잘 타지 않는 주택을 짓도록 건의하는 방안이 올라오고는 했습니다. 그러던 중 일제강점기가 시작되어 일본식과 조선식이 뒤섞인 집이 빠른 속도로 지어졌고, 전통 건축물은 급격히 사라지게 되었습니다.

두 번째로 전통 건축은 재료 수급이 어렵습니다. 집 한 채를 짓자면 균일한 굵기와 높이의 나무 기둥이 많이 필요한데, 그런 나무를 구하기가 쉽지 않습니다. 나무가 잘 자라는 지역은 열대우림이나 한대 침엽수림 같은 사시사철 동일한 기후가 계속되는 지역인데, 사계절이 뚜렷한 우리나라는 나무의 성장이 더딘 편입니다.

조선 후기, 한양에 인구가 급격하게 증가하고 지방에서도 부농이 성장하면서 주택 수요가 급증한 적이 있었습니다. 이때 기둥으로 쓸 만한 목재를 구하기가 어려워 굽은 나무를 사용해 집을 짓기도 했습니다. 지금도 지방의 한옥에 가면 기둥이나 대들보로 굽은 나무가 사용된 것을 자주 볼 수 있습니다. 이를 자연에 순응하는 조상의 지혜라고 해석하기도 하지만 실은 꿈보다 해몽이 더 좋은 격으로 조선 후기 목재 수급이 어려워지면서 일어난 현상으로 보아야 합니다. 너도 나도 집을 짓느라 곧은 나무는 씨가 말랐으니 굽은 나무라도 사용할 수밖에 없었던 것입니다. 이러한 사회상을 반영하듯 조선 후기에 발행된 실학 서적에서는 "집을 짓는 데 굽은 나무를 사용하지 마라", "굽은 나무로 집을 지으면 무너지기 쉽다" 같은 내용이 자주 눈에 띕니다. 당시부터 부실 공사가 지적된 것이 흥미롭습니다.

한옥을 짓자면 그만큼 나무가 많이 필요한데 우리나라에서 목재는 매우 귀한 재료입니다. 그래서 1960~1970년대에는 이에 대한 절충안으로 형태는 한옥으로 하되 나무 기둥 대신 콘크리트 기둥을 사용해 집을 짓기도 했습니다. 어린이대공원 과학관, 세종문화회관, 독립기념관 등이 이 방식으로 지어진 대표적인 건물인데, 한동안 유행하다가 곧 사라지고 말았습니다.

마지막 이유는 핵가족화입니다. 집은 사람이 살아가는 공간이기 때문에 그 집에 사는 사람들의 생활과 행동에 큰 영향을 받습니다.

대문간을 열고 들어오면 마당이 있고, 마당을 중심으로 안방, 건넌방, 윗방, 아랫방, 문간방 등이 자리 잡은 한옥은 할아버지와 할머니, 삼촌과 고모까지 포함하는 대가족이 함께 살기에 적당한 집입니다. 안방은 할아버지와 할머니가, 마루 하나를 건너 있는 건넌방에는 부모님이, 딸은 고모와 함께 아랫방을, 아들은 삼촌과 함께 문간방을, 대학 입시나 기타 시험을 준비하는 수험생은 혼자 윗방을 쓰는 방식입니다. 각 방들은 툇마루와 마당으로 연결되기 때문에 열 명 가까이 되는 대가족도 비교적 프라이버시를 지키며 조용한 생활을 할 수 있습니다.

하지만 아파트는 모든 방들이 거실을 향해 열려 있는 구조입니다. 때문에 부모와 어린 자녀로 이루어진 핵가족이 생활하기에 편리합니다. 현재 아파트에서 대가족이 살 수 없는 이유는 면적이 좁아서라기보다 그 구조적 특성 때문입니다. 동선이 길고 마당과 툇마루라는 완충 공간이 있는 한옥은 대가족을 수용할 수 있습니다. 동선이 긴 대신 여러 사람이 함께 살아도 부딪힐 일이 적기 때문입니다. 또 구성원이 많은 만큼 집을 완전히 비울 일이 적습니다. 부모님이 외출을 해도 할아버지 할머니가 집을 지키고, 그것이 아니면 이모나 삼촌 등 누구든 한 사람은 집에 남아 있을 가능성이 높습니다. 따라서 마당이나 마루 등 외부에 개방되어 있는 공간이 있어도 보안에 크게 신경을 쓰지 않아도 됩니다.

하지만 부모와 어린 자녀로만 이루어진 핵가족은 동선이 길면 불편합니다. 특히 아버지가 직장에 다니며 돈을 벌고 어머니는 집에서 아이를 돌보던 옛날과는 달리, 요즘은 부모님이 모두 맞벌이를 하며 아이도 외동 자녀 하나만 두는 경우가 많습니다. 그러니 낮 동안에는 온종일 집이 비는 경우가 많은데 이럴 때 면적이 넓고 대문을 잠가도 집을 완전히 폐쇄할 수 없는 한옥은 위험하고 불편한 점이 많습니다.

이처럼 한옥이 지어지지 않는 이유는 여러 가지입니다. 그러나 시간이 지나며 이런 단점을 현대적으로 개량한 집들이 등장하는데, 이들이 신新한옥입니다.

꠵ 새로운 한옥의 등장, 개량한옥과 신한옥

전통한옥을 현재의 실정에 맞게 조금 개량했다는 의미의 개량한옥은 1930년대 가회동을 비롯한 서울 지역에서 나타났습니다. 이때는 일제강점기 후기인 동시에 문화적 변혁의 시기이도 했습니다.

본디 한양의 사대부들은 경복궁 근처의 북촌, 곧 가회동·누상동·봉익동 등지에 많이 살았습니다. 그러나 양반 사대부들이 몰락하면서 그들이 살던 집도 빈집이 되어갔습니다. 한편 신문물을 배워 전문직에 종사하는 도심 중산층이 새롭게 등장하고, 이농인구가 일자리를 찾아 시골을 떠나 서울로 몰려들고 있었습니다.

인구가 급증하자 심각한 주택난이 발생했습니다. 이에 사대부 가족이 살던 큰 집을 헐고 그 자리에 소규모 가족이 살 만한 작은 집을 짓기 시작했습니다. 이 작은 집들이 1930년대의 개량한옥입니다. 안채와 사랑채, 별채, 행랑채 등 여러 채로 나뉘어져 있던 집은 ㄷ자 혹은 ㅁ자 형태로 축소되어, 안마당을 중심으로 안방, 건넌방, 사랑방, 아랫방 등으로 새로 지어졌습니다.

화재에 취약한 단점을 극복하기 위해 기둥은 나무로 세우되 외벽은 벽돌이나 타일 등 타지 않는 재료를 사용해 지었습니다. 또 도둑을 방지하기 위해 길가 쪽으로 나 있는 방은 창을 눈높이보다 높은 곳에 내어 방범용 창살을 덧붙였습니다. 대문은 경첩과 문고리 부분에 금속 제품을 과다 사용하는 등 기존 전통 한옥에 비해 강한 폐쇄성을 가지고 있습니다. 안마당에 들어서면 우물처럼 좁은 안마당, 특히 수돗가를 중심으로 각각의 방들이 촘촘히 마주보고 있어 한층 내향성이 강해집니다. 이런 구조 때문에 학자에 따라서는 개량한옥을 우리의 전통 주거와는 거리가 먼, 일제강점기에 일본의 영향을 받아 생겨난 기형적 주거라고 보는 견해도 있습니다. 그러나 가회동 개량한옥은 전통을 고수하면서도 당시의 실정에 맞도록 개량된, 진정한 개량한옥으로서의 의미를 크게 지니고 있습니다.

시대가 변하고 상황이 변하면 함께 변할 수밖에 없는 것이 주택입니다. 당시는 일제강점기였기 때문에 주택 역시 일본의 영향을 받을 수밖에 없었습니다. 특히 일본은 조선주택영단지금의 토지주택공사에 해당하는 기관을 설립해 일본식 주택을 지어 보급하고 있었습니다.

개량한옥은 비록 전통식에서 벗어나긴 했지만, 일제가 아닌 조선의 건축업자들이 지은 집입니다. 또한 한옥이 도시 주거로도 이용될 수 있다는 가능성을 보여주었습니다. 대개 한옥은 넓은 부지에 안채, 사랑채, 별채, 행랑채 등 각 건물을 한 채씩 따로 지어야 하기 때문에 대지의 제약을 별로 받지 않는 농촌이나 명문 사대부가 등에 적합한 주거로 인식되어 왔습니다. 하지만 개량한옥은 좁은 땅에 부엌과 대

❶ 서울시 종로구 경운동에 있는 민병옥 가옥. 1930년에 지어진 개량한옥이다. 전통한옥과 달리 현관과 화장실, 목욕탕이 집 안에 있으며 이런 시설들은 긴 복도로 연결되어 있다. 문은 유리창을 단 미닫이문으로 이루어져 있어 이 시기의 개량한옥의 모습을 잘 보여준다. (공공누리에 따라 문화재청의 공공저작물 이용)

❷ 요즘 대도시에는 사람이 생활하고 있는 한옥을 보기가 매우 힘들다. 더러 있던 개량한옥도 이제는 점차 낡아서 재건축을 기다리고 있으며, 때로 길가에 위치한 한옥은 상가건물로 개조되기도 한다.

청을 비롯한 서너 개의 방을 갖는 도시 중산층의 주거 유형을 만들어 냈고, 여기에 큰 의의가 있습니다. 이러한 개량한옥은 1930년대뿐 아니라 해방 후인 1960~1970년대까지도 꾸준히 지어졌습니다.

지금은 많은 사람들이 아파트에서 살고 있지만 1990년대 초반까지만 해도 한옥에 사는 사람들이 많았습니다. 대문을 열고 들어가면 꽃밭이 가꾸어진 안마당이 있었고, 때로 그 옆에 조그만 연못을 만들어 금붕어를 키우기도 했습니다.

시간이 지나 대부분의 사람들이 양옥이나 아파트로 주거지를 옮겨 가고, 개량한옥 구조의 집들은 갈비나 냉면을 파는 '가든'형 음식점으로 변해버리는 듯했습니다. 그러나 최근 개량한옥은 다시 한 번 변신을 하고 있습니다. 2000년대 이후에 지어지는 이른바 '현대한옥' 혹은 '신한옥'으로 말입니다.

가회동의 한옥들은 그동안 개발과 증축, 개축이 금지되어 있어 오랜 시간 낙후된 채로 머물러왔습니다. 그러면서 사람들의 주거지로서의 역할과도 점점 멀어졌던 것이 사실입니다. 하지만 이곳이 최근 '북촌 꾸미기 운동'과 맞물려, 낡고 오래된 집을 깨끗이 수리해 재사용하는 일이 늘어나고 있습니다. 이런 집을 '신한옥'이라고 하는데, 주택뿐 아니라 동사무소, 파출소, 약국, 개인병원, 사무실, 상점 등 다양한 목적으로 사용되고 있습니다. 이러한 현상은 북촌뿐 아니라 경복궁 서쪽에 있어 일명 서촌이라 불리는 옥인동, 효자동 일대에서도 일어나고 있으며 그동안 보기 힘들었던 2층 한옥까지 지어지고 있는 추세입니다.

유럽의 유서 깊은 도시에서는 지어진 지 백 년이 넘는 주택들이 여전히 생활 공간으로서 활발히 사용되고 있는 모습을 볼 수 있습니다. 도시는 새롭고 높은 건물들로 가득 채워야 하는 장소가 아닙니다. 오래된 집들이 역사의 나이테를 두르고 여전히 그 자리에 서 있을 때 도시는 진정 깊이 있고 아름다워집니다. 서울은 600년의 역사를 간직한 역사도시입니다. 그러나 현재 역사적 건축물은 숭례문, 흥인지문, 경복궁 등 문화재로 지정된 건축물이 대부분입니다. 꼭 문화재로 지정된 건물이 아니어도 백 년의 모습을 간직한 집과 현대에 지어진 새로운 한옥 등이 멋지게 어우러지는 진정한 역사도시의 모습을 기대해 봅니다.

식민지의 집,
양옥

주근깨 빼빼 마른 빨간 머리 앤! 애니메이션 〈빨간 머리 앤〉의 한국어 주제가 첫머리입니다. 〈빨간 머리 앤〉을 아는 사람이라면 누구나 앤이 사는 녹색 지붕 집을 동경해본 경험이 있을 것입니다.

대문을 열면 보이는 잔디가 깔린 조그만 마당, 마당 한쪽에 있는 작은 연못과 그 주변을 장식한 야외 탁자와 의자, 작은 베란다와 뻐꾸기창이 달린 2층집.

흔히들 상상하는 이런 2층 양옥집은 우리나라에서 부잣집의 상징이었습니다. 오늘날에는 시가지에서 단독주택 자체를 찾아보기 힘들어지며 양옥집 역시 점점 줄어들고 있지만, 그래도 많은 사람들이 여전히 '예쁜 집', '나중에 살고 싶은 집'을 그릴 때는 그림으로 그린 듯한 양옥집을 떠올립니다. 그렇다면 우리나라에 양옥 즉 서양식 주택이 소개되던 시기는 언제부터였을까요? 그리고 왜 양옥집이 지어졌던 것일까요?

⟐ 양옥은 식민지 스타일?

조선 후기, 한옥 일색이던 우리나라에 최초의 양옥이 소개되었습니다. 고종은 1876년 오랜 쇄국의 빗장을 풀고 원산, 부산, 인천의 세항구를 개방하면서 외국의 문물을 받아들이기 시작했는데, 1880년대부터 이 세 곳을 중심으로 양관洋館이 들어섰습니다. 이때 관館은 집을 말합니다. 집을 가리키는 한자인 관館과 옥屋 두 글자의 뜻은 조금 다릅니다. 양옥이나 한옥에서의 '옥'이 가정집을 말한다면 '관'은 대사관, 영사관처럼 공무를 집행하는 관료가 거주하는 집을 말합니다. 양관이란 무역 관련 업무를 맡아보는 외국 상인의 집이었습니다.

그 후 1890년대부터는 서울에도 외국인들의 공사관을 지었습니다. 이 주택들은 우리나라에 지어진 최초의 양식 주택입니다. 그런데 이 주택들은 엄밀히 말해 서양식이 아니라 '식민지 양식', 즉 서양 제국주의 국가들이 식민지 아시아에서 만들어낸 독특한 주택 양식이었습니다.

18~19세기 가장 많은 식민지를 개척한 나라는 영국과 프랑스였습니다. 이들이 아프리카와 인도, 베트남 등지에 짓는 집들에는 공통된특징이 있었습니다. 우선 자국인 영국과 프랑스의 주택 형태를 기본으로 하되 현지의 기후와 풍토에 따라 약간의 변화를 주었습니다. 그리고 지배층과 피지배층을 나누는 몇 가지 요소를 첨가했습니다.

영국과 프랑스는 위도가 높은 지역이어서 날씨가 쌀쌀한 편입니다. 주택도 겨울을 견디기 쉬운 구조로 되어 있습니다. 그러나 영국과 프랑스의 식민지였던 인도와 베트남은 위도가 낮은 지역이어서 기후가덥습니다. 인도와 베트남에 건너와 살던 영국과 프랑스인들이 자국에서 살던 형태의 집을 유지하기 위해서는 아열대 지역에 맞는 몇 가지 개조가 필요했습니다.

우선 위생과 안전을 위해 집들은 대개 높은 언덕 위에 지었습니다. 당시 열대 풍토병과 각종 전염병은 많은 사람의 목숨을 빼앗아갔는데, 유럽인들은 이것이 무덥고 습한 공기 때문에 발생한다고 믿었습니다. 전염병 말라리아의 이름은 '나쁜 공기프랑스어로 mal aria'에서 유래한 것입니다. 그래서 맑고 깨끗한 공기를 찾아, 또한 식민지 군중이 일으킬 수 있는 폭력 시위 등의 위험을 피해 원주민 마을과 되도록 멀리 떨어진 언덕이나 구릉을 찾아 집을 지은 것입니다.

또, 뜨거운 태양을 피하기 위해 차양햇볕을 가리거나 비가 들이치는 것을 막기 위하여 처마 끝에 덧붙이는 좁은 지붕을 길게 빼고 집 전체를 흰색으로 칠했으며, 비가 많이 내리는 우기에 대비하기 위해 지붕의 경사를 급하게 만들었습니다. 또한 무덥고 긴 여름을 나기 위해 각종 옥외 공간을 활용했습니다. 데크*와 베란다를 두어 휴식 공간으로 활용했고, 비와 태양을 피해 현관에서 바로 마차를 타고 내릴 수 있도록 포치porch, 건물 현관 또는 출입구 바깥쪽에 튀어나와 지붕으로 덮인 부분가 발달했습니다.

보통 유럽에서 식민지로 가족 전체가 이동하는 경우는, 식민지에서 일하게 된 아버지를 따라 온 가족이 이동하는 경우였습니다. 아버지가 일을 나가고 나면 어머니와 아이들은 주로 집 안에 머물며 시간을 보냈습니다. 외출을 하거나 외부활동을 하기 위험했기 때문입니다. 그래서 이들을 보호하기 위해 집을 높은 울타리로 둘러쳤

*
발코니와 비슷하되 발코니가 2층 이상에 마련된 것이라면 데크는 주로 1층에 마련되어 있고 크기도 훨씬 넓어서 내부와 연결된 생활 공간으로 적극 활용된다. 주로 식당이나 거실과 붙여 만들며 식사를 하거나 차 마시는 곳으로 사용하는 경우가 많다.

고, 마당에는 정원을 꾸몄으며, 햇빛을 가리기 위한 파고라pergola, 사방이 트여 있고 지붕이 있어 햇볕이나 비를 가릴 수 있으며 앉을 자리가 있는 시설물, 벤치, 그네 등을 만들었습니다. 원주민들이 항거할 위험은 항시 도사리고 있었기 때문에 지대가 낮은 곳에 위치한 원주민 마을을 항상 감시할 수 있도록 2층에 베란다를 두어 아랫마을을 내려다볼 수 있게 했고, 다락에도 뻐꾸기창이라 불리는 작은 감시창을 설치했습니다.

언덕 위에 자리 잡은 하얀 집, 녹색 융단처럼 깔린 잔디, 등나무를 올린 파고라 아래 맨 그네, 급하게 경사진 뾰족지붕에 차양과 처마가 길게 드리운 집, 데크와 베란다, 포치, 다락방의 뻐꾸기창 등,지금 우리가 양옥집의 특징이라 알고 있는 모든 것은 엄밀히 말해 18세기 식민지 양식이자 1880년대 조선에 지어진 양관의 모습입니다. 대표적인 것이 러시아 공사관, 인천에 있는 영국 영사관 등이고 이를 모방해 왕실과 귀족들이 지은 주택으로 이준 주택, 윤덕영 주택 등이 있습니다.

일제강점기가 시작되면서 일본은 조선 왕실을 회유하기 위해 종친과 측근들에게 귀족 작위를 부여했습니다. 새로운 작위를 받은 사람들은 유럽이나 일본의 귀족과 마찬가지로 머리도 단발을 하고 옷도 양복을 입었습니다. 그렇게 겉모습은 서양식으로 꾸몄는데 온돌방에 책상다리를 하고 앉아 생활하려니 아무래도 어색했습니다. 그래서 처음에는 우선 사랑방만 양식으로 바꾸었다가 나중에는 아예 서양식 주택을 지었는데 신분이 귀족이었으니 주택도 유럽의 귀족 주택을 모방하여 지었습니다. 우리나라 양옥의 역사는 이렇게 시작되었습니다.

❶ 서울 중구 정동에 있는 구 러시아 공사관. 1890년에 지은 르네상스풍의 2층 벽돌 건물이다. 한국전쟁으로 건물이 심하게 파괴되어 탑과 지하 2층만 남아 있었으나 1973년에 복구되었다. (공공누리에 따라 문화재청의 공공저작물 이용)

❷ 서울 종로구 옥인동에 있는 박노수 가옥. 조선 후기 문신이자 친일파였던 윤덕영이 지은 건물로 현재는 구립미술관으로 쓰이고 있다. 식민지 시대에 지어진 양옥집의 특징을 가지고 있다.

최초의 양옥이라 할 수 있는 양관주택은 외국인과 최상류층을 위한 집이었기 때문에 일반 사람들과는 거리가 있는 건물이었습니다. 하지만 1930~1940년대부터 4~5인 가족 위주의 도심 중산층을 겨냥한 '문화주택'이 등장하기 시작합니다. 이 집은 일본에서 탄생한 주택으로, '문화'라는 말 자체가 메이지 시대 일본에서 만들어진 신조어입니다. 그런데 주택 이름을 왜 문화라고 지었을까요?

미국의 문화인류학자 루스 베네딕트^{Ruth Benedict, 1887~1948}가 일본문화에 대해 쓴 책 제목인 『국화와 칼』*에서 엿볼 수 있듯이, 일본은 오랜 세월 무사 정권인 막부가 지배하고 있었습니다. 1868년, 일본의 122대 천황인 메이지 천황이 막부 세력을 꺾고 왕정을 부활시켜 직접 정치를 하기 시작하면서 '메이지 유신'이 시작됩니다.

메이지 정부는 '문명개화^{文明開化}'라는 슬로건을 내세웠습니다. 이전까지 칼이 지배하던 막부의 세상을 끝내고 폭력 대신 문화를 발달시켜 나라를 다스리겠다는 이야기였습니다. '문명'이란 단어 역시 일본이 처음으로 사용한 것으로 civilization의 번역어입니다. 문명개화란 문명과 근대적·서구적 문물에 대한 개방을 뜻하는 '개화'가 결합된 말로 19세기 후반에서 20세기 초에 걸쳐 중국, 일본 등 한자 문화권에서 널리 쓰이는 말이 되었습니다.

이 시기 아시아에서 '문명화'란 곧 서구화였습니다. 당시 일본은 외국으로부터 신문물을 적극적으로 받아들이고 있었습니다. 진보

*
일본과 일본인을 설명한 책으로 널리 알려져 있다. 다른 나라 사람들이 이해하기 어려운 일본인의 행동 및 성격을 문화인류학적인 관점에서 접근해 분석했다. 제목의 국화는 평화를 상징하며, 칼은 전쟁을 상징한다. 국화(평화)를 사랑하면서도 칼(전쟁)을 숭상하는 일본인의 이중성을 말하고 있다.

되고 발전된 것, 이성적이고 합리적인 것, 새롭고 신기한 것, 멋지고 세련된 것에는 모든 문화라는 수식어가 붙기 시작했습니다. 문화촌, 문화인, 문화생활, 문화요리를 비롯해 문화나이프에 문화손수건까지. 문화주택 역시 이러한 상황에서 탄생했습니다.

문화주택은 1922년 도쿄에서 열린 평화기념 박람회에서 처음 선보였습니다. 부부와 어린 자녀로 구성된 도심 중산층 4인 가족을 위한 집으로 66제곱미터약 20평의 규모에 서재, 거실, 식당, 침실을 갖춘 소형 주택이었습니다. 각 방의 명칭들이 현재 사용하는 것과 같습니다. 지금 흔히 사용하는 용어들이 처음 등장한 때를 1920년대 일본으로 보아도 무방할 것입니다.

문화주택은 화양절충和洋折衷 주택이었습니다. 화양절충이란 일본식화과 서양식양을 절충했다는 뜻으로, 1층은 거실과 서재, 식당으로 구성해 소파와 테이블, 식탁을 놓아 서양식으로 꾸미고 2층에는 침실을 두어 일본식 다다미방으로 꾸몄습니다. 그런데 메이지 시대의 일본 역시 서양의 제국주의를 모방하고 있었기 때문에 서양식이라기보다 식민지 양식, 즉 콜로니얼 스타일colonial style에 가까웠습니다. 잔디밭, 뾰족지붕의 2층집, 뻐꾸기창이 달린 다락방, 베란다와 테라스 등은 분명 일본인의 눈에도 이국적이고 멋있게 보였을 것입니다. 그리고 이러한 화양절충의 문화주택은 곧 조선에도 상륙하게 되었습니다.

1929년 경복궁에서 조선박람회가 개최되면서 20~40평 규모의 문화주택 세 채가 전시되었습니다. 일본식 문화주택에 조선의 온돌방을 더한 형식이었습니다. 유럽, 일본, 조선의 세 가지 방이 한 지붕 아래 공존하는 집. 발코니가 달린 2층 집은 대중의 감탄을 자아내기에 충분했고, 곧 경성에 퍼지기 시작했습니다. 용산구 후암동 일대, 동대문구 신당동과 장충동 일대에 문화주택들이 많이 지어졌는데, 조선 시대에는 사대문 밖이었으나 일제강점기에 전차가 다니기 시작하면서는 신시가지가 된 곳들이었습니다. 일본인이 많이 살던 지역이기도 했습니다. 전차와 신시가지의 신식 주택, 이 모든 것을 처음 본 조선인들의 충격은 상당했을 것입니다.

문화주택이 던진 문화 충격은 사회 문제가 되기도 했습니다. 1930년 1월 12일자 「조선일보」 만평에는 짧은 미니스커트를 입은 채 다리를 드러낸 신여성들의 모습이 실렸는데, 그중 한 명은 "나는 문화주택만 지어주는 이면 일흔 살도 괜찮아요. 피아노 한 채만 사주면"이라고 자신의 소원을 다리에 적어놓았습니다. 아닌 게 아니라 당시 신문에는 남성이 "나와 결혼하면 문화주택에서 살게 해주겠다"는 말로 여성에게 접근해 정조만 유린한 채 사라져 그 위자료로 1만 원을 청구하는 사건 등이 심심찮게 실리기도 했습니다.

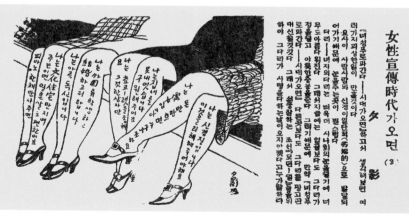

▶▶ 신여성들을 비판하는 1930년 「조선일보」 만평.

말도 많고 탈도 많았던 문화주택은 해방 후 점점 더 대중화되었습니다. 1950년 한국전쟁이 끝난 뒤 많은 주택들이 손실되었고 이에 1960년대부터는 재건의 바람이 급격히 불었습니다. 이때는 급격한 경제 성장의 시기, 농촌을 떠나 서울로 몰려드는 이촌향도의 물결이 치던 시기였습니다. 갑자기 인구가 불어나자 주택 부족이 심각해졌습니다. 당시 소설가 이호철은 「서울은 만원이다」라는 소설을 발표하기도 했습니다.

이에 집을 지어 파는 개인사업자, 이른바 '집 장사'가 생겨나 문화주택을 지어 판매하기 시작했습니다. 서울이 급격히 팽창하면서 그때까지 도시화가 되어 있지 않았던 서울 외곽과 강남 지역이 개발되기 시작했는데, 북부의 수유리 일대·동부의 성동구 일대·남부의 흑석동과 사당동 일대·서부의 화곡동 일대가 새로운 주택지로 조성되었습니다.

크고 화려한 대문간에 잔디가 깔린 조그만 마당을 낀 2층 주택들이 고만고만하게 들어섰습니다. 현관에 들어서면 응접실 겸 거실이 있었고, 전축, 피아노, TV, 장식장 등을 배경으로 일명 응접 세트라 불리는 소파가 놓였습니다. 거실을 중심으로 안방과 건넌방, 부엌, 식당이 있고 2층에 한두 개의 방이 있는 중산층 주택. 이들은 흔히 2층 양옥집 내지는 불란서프랑스의 한자 음역 표기주택이라 불렸습니다. 양옥집은 1970년대에 가장 널리 지어졌습니다.

이름은 불란서저택이지만 이는 프랑스식 주택이 아니라 앞에서 살펴본 식민지 양식 주택이었습니다. 19세기 유럽에서 영국과 프랑스는 가장 많은 식민지를 가지고 있었기 때문에 제국주의 주택이란 곧 영국과 프랑스의 주택이라 할 수 있었으며, 또한 1970년대에 '프랑스'는 메이지 시대의 '문화'와 같이 서양적이고 세련된 것, 낭만적이고 이국적인 것 등을 상징하는 단어로 사용되었습니다. 보기에 멋지고 세련된 서양식 집이니 자연스럽게 불란서주택이라 불리게 된 것입니다.

한편 농촌에도 비슷한 주택이 지어졌습니다. 이들은 새마을주택이라 불렸습니다. 우리나라는 낙후된 농촌을 살리기 위해 1970년대부터 새마을운동을 벌였습니다. 새마을운동이란 범국민적 지역사회 개발운동입니다. 지금도 종종 들을 수 있는, "새벽종이 울렸네 새아침이 밝았네"로 시작하는 노래가 바로 새마을운동의 운동가인 〈새마을노래〉입니다.

새마을운동은 농촌 근대화 사업인 동시에 박정희 정부의 정치적 전략이기도 했습니다. 정부는 1960년대에 도시를 중심으로 근대화와 경제개발 정책을 펼치면서 소외되었던 농촌 사람들의 정치적 지지도를 끌어올릴 필요가 있었습니다. 새마을운동은 도시와 농촌 지역 간 개발의 격차를 줄이기 위해 시행되었습니다. 또한 새마을운동 지도자들은 공화당을 지지하는 사람이나 실제 공화당원으로 조직되어 개발 활동은 물론 농민들에게 박정희 정부에 대한 긍정적인 인상을 심어 주는 역할까지 맡았습니다. 1970년대, 도시 지역에서는 이미 유신 체제*에 반대하는 여론이 퍼져 나가고 있었지만 새마을 운동을 통해 농촌의 민심을 잡은 박정희 정부는 여론을 상쇄시키고 집권을 연장할 수 있었습니다.

*
제4공화국의 다른 이름으로 박정희 정부와 그 정치 체제를 일컫는 말이다.

새마을운동의 주요 골자는 재래식 농업을 현대식 기계 농업으로 개선하고 마을 환경을 개선하는 것이었습니다. 〈새마을노래〉의 2절 가사가 "초가집도 없애고 마을길도 넓히고 푸른 동산 만들어 알뜰살뜰 다듬세"라는 것에서 알 수 있듯, 70년대만 해도 농촌에는 지붕에 볏짚을 얹은 집들이 많았습니다. 새마을운동을 펼치며 농촌에서는 볏짚 지붕을 슬레이트나 함석으로 교체했습니다. 담장을 벽돌과 시멘트를 이용해 반듯하게 쌓았습니다. 길도 정비했습니다. 그리고 농촌에도 현대주택을 보급하기 시작했는데, 그렇게 지어진 집이 바로 새마을주택입니다. 70년대에 가장 선망 받고 유행하던 주택은 양옥집이었기 때문에 농촌에도 양옥의 양식을 가진 집이 지어졌습니다. 지금도 고속도로를 달리다 보면 도로변에 붉은 지붕 혹은 푸른 지붕을 한 그림 같은 집을 볼 수 있습니다. 바로 새마을주택입니다.

새마을주택의 외형은 서울과 대도시에서 유행하던 불란서주택과 크게 다르지 않았고 내부 구조도 마찬가지였습니다. 다만 농가주택이기 때문에 2층집보다는 단층집이 많고, 화장실이 외부에 마련되는 등 몇 가지 특징이 있었습니다. 사실 도시와 농촌은 생활방식이 다르기 때문에 도시에 지어지는 불란서주택을 무조건 똑같이 짓는 것은 무리가 있었지만, 농촌 경제 발전의 상징으로, 농촌의 삶도 도시 못지않다는 인상을 주기 위해 양옥 형식의 집들이 지어졌습니다. 시골 한가운데 아파트가 덩그러니 서 있는 현재와 비슷한 현상이라고도 할 수 있겠습니다. 이처럼 도시에서는 불란서주택이라는 이름으로, 농촌에서는 새마을주택이라는 이름으로, 일제강점기에 태동한 문화주택은 한결 대중화되어 널리 퍼지게 됩니다.

일반적인 주택 지붕은 박공지붕입니다. 박공지붕은 책을 엎어놓은 듯 ∧ 자 형태로 생긴 지붕을 말합니다. 뱃지붕, 맞배지붕이라고도 합니다. ∧ 자 모양으로 붙여놓은 양옆의 널을 '박공'이라 하고 박공지붕의 아래쪽에 생기는 삼각형 벽을 '박공벽'이라고 합니다.

처마는 지붕의 넓은 쪽 평평한 면을 말하는데, 중국·한국·일본 등 아시아에서는 처마가 있는 면을 정면으로 둡니다. 하지만 유럽 특히 영국, 독일 등의 북유럽에서는 ∧ 자 형태의 박공면을 정면으로 보이게 합니다. 그래서 중국·한국·일본이 집을 지을 때 처마를 장식하는 반면 유럽 주택들은 박공면에 그림을 그리거나 조각을 하는 등 여러 가지 장식을 했습니다.

정면에서 보았을 때 박공이 선명히 드러나는 것은 영미 주택의 특징입니다. 나다니엘 호손Nathaniel Hawthorne, 1804~1864의 소설 『일곱 박공의 집The house of seven gables』은 제목 그대로 일곱 개의 박공이 있는 웅장하면서도 기괴한 주택을 배경으로 하고 있습니다. 또한 루시 모드 몽고메리Lucy Maud Montgomery, 1874~1942의 소설 『빨간 머리 앤』의 원제목도 『푸른 박공 집의 앤Anne of the green gables』입니다. 이처럼 영미 주택에서 전면 박공정면에서 보았을 때 박공이 먼저 눈에 들어오는 집은 일반적입니다.

동양 문화권에서는 박공이라는 생소한 이름 대신 쉽고 친근한 '뾰족지붕'이라는 이름이 붙어, 양옥주택의 가장 특징적인 요소로 자리 잡습니다. 평평한 기와지붕과도, 둥그스름한 초가지붕과도 다른 뾰족지붕의 2층집은 이국적인 낭만을 선사했고, 사람들의 선망의 대상이 되었습니다.

▶▶ 『빨간 머리 앤』에 등장하는 집의 모델로 알려진 캐나다 캐번디시의 푸른 박공 집. 이 집은 루시
모드 몽고메리의 조카가 소유하고 있으며, 『빨간 머리 앤』의 세계를 느껴보고자 하는 관광객들
이 세계 곳곳에서 모여든다.

전원주택의 등장

농촌의 새마을운동과 도시의 산업화운동으로 인해 우리나라는 급격한 경제 발전을 달성했습니다. 그 성장의 열매를 조금씩 맛보게 된 시기가 1980년대입니다.

1977년, 수출 100억 달러 및 1인당 국민소득 1천 달러를 달성했고, 1988년 서울올림픽 개최가 1981년에 결정되면서 나라의 분위기는 한껏 고무되었습니다. 게다가 1980년대 초반에는 컬러텔레비전이 보급되고 중고등학생들의 교복자율화가 시작되어, 이즈음 중고등학생들은 전국적으로 획일화되어 있던 검은 교복을 벗고 자유롭게 사복을 입고 등교를 시작했습니다. 사회 전체의 색이 바뀌어버린 듯한 느낌 속에 스포츠와 레저에 대한 관심도 늘어났습니다.

경제가 성장하면서 서울의 주택 사정도 바뀌었습니다. 아파트는 지어도 지어도 모자랐고, 서울을 비롯한 대도시의 집값은 회사에 고용되어 급여를 받아 생활하는 봉급생활자가 돈을 모아 구매하는 것이 불가능할 정도로 올라버렸습니다.

그러자 새로운 대안이 생겨났습니다. 집값이 싼 서울 근교에 집을 짓기 시작한 것입니다. 교외에 집을 짓겠다는 발상이 나온 데는 자가용이 대중화된 것이 한몫했습니다. 그 전에는 서울에 직장이 있는 사람은 교외에서 출퇴근하는 것이 무척 힘들었지만, 자가용이 널리 퍼지면서 먼 거리에서도 편리하게 출퇴근하는 것이 가능해졌기 때문입니다.

알고 보면 대도시 근교에 주택을 마련해두고 도심으로 출퇴근을 하는 모습은 현대 서울 및 대도시뿐 아니라 기원 무렵 로마 시대, 르네상스 시대에도 쉽게 볼 수 있었습니다. 산업혁명 시기의 영국에서도 마찬가지였습니다. 도시가 팽창하면서 인구가 급증하면 공해, 소음, 소란 등으로 주거 환경이 악화되기 때문에 도시 중심가보다는 조용하고 외진 곳에 집을 마련하려는 사람들이 늘어납니다.

문제는 교통입니다. 미국에서 포드가 자동차의 대중화 시대를 열었다면 우리나라에서는 1980년대의 포니, 1990년대의 티코가 각각 소형차와 경차의 선두에 섰습니다. 1가구 1자동차 시대로 진입하면서 서울로의 출퇴근이 더 이상 크게 힘든 일이 아니게 되자 1990년대부터 서서히 전원주택 혹은 별장주택이 유행하게 되었습니다. 양평, 덕소, 용인, 파주 등 서울 인근의 소도시가 전원주택 마을로 떠오르기 시작했습니다. 교수촌, 예술인촌, 동호회 주택처럼 서로 마음 맞는 서너 집이 모여 마을을 이루고 사는 경우도 생겼습니다.

그런데 예상하지 못한 일이 생겼습니다. 전원주택 생활을 택한 사람들 중에는 모두 똑같은 아파트 일색인 도시 생활에 염증을 느껴 교외로 이사를 온 사람들이 많았습니다. 하지만 시간이 지나며 전원주택에도 일정한 공통점이 나타나기 시작했습니다. 잔디밭이 깔린 정원, 뾰족지붕이 있는 이층집, 복층이 있는 거실, 벽난로, 통나무 벽체 등이 전원주택의 특징으로 드러나기 시작한 것입니다.

건축문화는 소비문화의 일종이기도 합니다. 소비문화란 자본주의 사회 안에서 제품과 서비스를 소비하는 것을 중시하고 지향하는 문화를 말합니다. 상류층은 다른 계층과 자신들을 구분하기 위해 차별 소비를 합니다. 아래 계층은 살 수 없는 비싼 명품이나 자동차, 고급 주거지 등을 구매하는 것이 차별소비입니다. 그 아래 중산층은 상류층으로 보이고 싶어 상류층의 소비형태를 흉내 내는 모방소비를 합니다. 그런데 모방소비를 하는 심리에는 상류층을 따라 하는 상류모방도 있지만, 비슷한 계층의 소비를 따라 하는 동류모방도 있습니다. 내가 어떤 계층이나 집단에 포함되어 있다는 것을 나타내기 위해 속한 계층이나 집단의 소비형태를 모방하는 것입니다. 이를 이른바 '유행'이라고 할 수 있습니다.

1990년대 서울 인근의 전원주택도 마찬가지였습니다. 어느 정도 자리를 잡자 전원주택은 '은퇴한 중산층'이라는 특정 집단이 지향하는 소비재가 되었습니다. 동류모방으로 소비되는 물건, 유행하는 물건이 된 것입니다. 그러면서 전원주택은 초창기의 개성을 잃고 식민지 양식, 알프스 산장에서나 찾아볼 수 있을 것 같은 벽난로, 한국식 초가지붕과 대청마루가 혼합된 전형적인 유행주택이 되었습니다.

푸른 잔디밭 위의 하얀 2층집, 뻐꾸기창이 달린 다락방, 등나무 그늘 아래 맨 그네 등 우리가 흔히 떠올리는 그림 같은 집은 기실 19세기 제국주의 주택의 변형이며 제국 열강들의 식민 통치가 남긴 흔적입니다. 꿈속의 집, 많은 사람들의 '드림하우스'에 숨어 있는 씁쓸한 역사입니다.

현대판 유목민

"2년마다 이삿짐을 싸다 보니 이제 짐 싸는 데는 달인이 됐어요."

"이사를 많이 다녀서 전학도 많이 다녔고, 그래서 친구가 별로 없어요."

"어차피 계속 이사 다닐 테니까 내 집 사기 전에는 비싼 가구 살 필요가 없어요."

요즘 사람들이 '집' 이야기를 할 때 빠지지 않는 주제가 '이사'입니다. 불과 몇 십 년 전만 해도 태어나서 죽을 때까지 한 집을 떠나본 적이 없는 사람, 열아홉 스물에 결혼해 신혼집을 장만하고 평생 동네 밖을 벗어나지 않는 사람들이 많았다고 합니다.

그 시절과 비교해 2~3년마다 이사를 다녀야 하는 현대인의 삶을 떠돌이나 유랑민에 비유하기도 합니다. 왜 요즘 사람들은 이사를 자주 다니는 것일까요?

사람들은 자주 이사를 하면서도 이사를 그다지 긍정적으로 생각하지 않습니다. 사람들이 잦은 이사를 부정적으로 인식하게 된 이유는 무엇일까요?

태어난 집에서 결혼을 하고, 그 집에서 아이를 낳습니다. 시간이 흘러 노인이 되면 자신이 태어났던 안방에 누워 죽음을 맞이합니다. 우리의 무의식 속에 '안정'과 '평화'의 상징처럼 인식되는 이런 장면은 알고 보면 농경사회의 산물입니다.

농사를 짓기 전 인류는 계절에 따라 식량을 찾아 이동을 했고, 1년에 두어 번씩 이사를 다니며 여름과 겨울을 났습니다. 인류의 역사를 살펴보면 농업을 하며 살아온 시간보다 더 오랜 시간을 수렵과 채집에 의존해 살아왔습니다.

수렵과 채집을 통해 살아가던 시절, 인류는 항상 식량과 필요물자가 부족할까봐 걱정해야만 했습니다. 자연에서 나오는 식량의 양을 사람이 인위적으로 조절할 수 없었기 때문입니다.

여기저기 옮겨 다니며 식량을 찾아야 했기에 이동하는 데만도 긴 시간이 걸렸고, 들이는 시간에 비해 충분한 식량을 얻을 수 없었습니다. 저장 역시 어려웠습니다. 고생을 견뎌가며 인류가 이동하는 목적은 '필요한 만큼'의 식량을 찾기 위해서였습니다.

그러나 농사를 짓기 시작하며 사람들의 생활 방식은 혁명적으로 바뀌었습니다. 식량을 필요한 양 이상으로 생산할 수 있게 된 것입니다. 이제는 남는 식량과 물자들을 어떻게 저장하고 이용할 것인가가 사람들의 관심사가 되었습니다.

남는 물건이 생기기 시작하자 사유재산 개념이 생겨났습니다. 사회 안에서 더 가진 사람과 덜 가진 사람이 나뉘기 시작했고, 계급이 발생했습니다. 이동하지 않아도 되었기 때문에 일을 하고도 시간이 남았고, 물자가 남았기에 사람들은 먹고 자는 것 이외의 다른 '문화적인' 일을 할 수 있게 되었습니다. 농업이 사람들을 문명화시킨 것입니다. 문화를 의미하는 영단어 culture가 라틴어로는 '경작하다'라는 뜻인 것만 봐도 농업과 문명의 관계를 짐작할 수 있습니다.

이것을 농업혁명*이라고 합니다. 지금으로부터 1만 년 전에 일어난 일입니다. 재산 개념이 생겨나자 재산을 두고 다투는 일도 발생했습니다. 전쟁 역시 농업의 산물입니다. 농업민들은 주변의 유목민들을 빠르게 점령해나갔습니다.

그러나 지구상에는 아직도 수렵·채집 경제를 영위하는 사람들이 있습니다. 아프리카, 몽골 초원, 아마존, 북극해 주변 등 농경에 적합하지 않아 다른 지역 사람들의 정복 대상에서 제외된 지역에 사는 사람들입니다. 이들은 계절에 따라 1년에 두어 번씩 이동 생활을 한다는 공통점이 있습니다. 예를 들어 이누이트^{inuit}, 알래스카 주·그린란드 캐나다 북부·시베리아 극동 등지에 사는 원주민들은 여름과 겨울을 각각 다른 곳에서 생활하며 계절에 따라 집을 짓는 방식도 다릅니다. 흔히 이글루^{igloo}라고 알려진 얼음집은 겨울에 짓는 집입니다. 얼음이 녹아 동토에도 녹색 이끼가 덮는 여름이면 짐승 가죽으로 천막집을 짓고 삽니다.

주변을 돌아다니며 야생 열매를 채집하고 사냥감을 찾아야 하는 수렵·채집 생활의 특성상 한 군데 오래 머물러 산다는 것은 곧 쇠퇴와 죽음을 의미합니다. 주변의 식량이 고갈되고 나면 굶주림이 기다리고 있기 때문입니다.

*
기원전 7천 년 전 인류가 곡류의 재배와 가축 사육에 성공하여 수렵·채집 중심 경제에서 생산 중심 경제의 농업 사회로 옮겨간 문명사의 획기적 사건을 말하며 신석기 혁명이라고도 한다.

▶▶ 미국의 북극 탐험가 찰스 프랜시스 홀(Charles Francis Hall, 1821~1871)이 그린 이누이트 마을의 모습. 이누이트 부족과 이글루의 모습이 보인다.〉

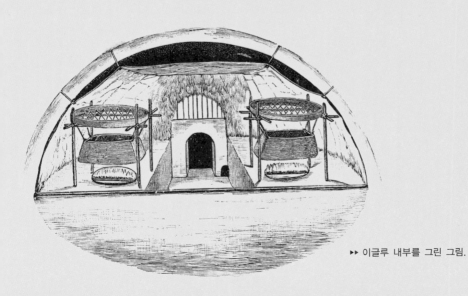

▶▶ 이글루 내부를 그린 그림.

하지만 농업혁명이 시작되고 세상의 패러다임paradigm, 한 시대 사람들의 견해나 사고를 규정하고 있는 인식의 틀이나 개념의 집합체은 변했습니다. 봄에 씨앗을 심으면 가을까지 기다려야 그 열매를 먹을 수 있습니다. 뿐만 아니라 내년에 다시 씨앗을 뿌리려면 가을에 수확한 곡식을 먹으면서 봄까지 기다려야 합니다. 이런 사회에서 논밭을 버리고 이동한다는 것은, 현대사회에서 다니던 직장을 대책 없이 그만두는 것과 같이 위험한 행동입니다.

이동을 부정적으로 보고 정착을 긍정적으로 보는 시각은 오랜 농경생활에서 만들어진 습관입니다. 현대사회는 산업사회로 바뀌었지만 사람들에게는 1만 년 이상을 농경사회에서 살아온 습성이 남아있기 때문에 아직도 정착을 이동보다 바람직한 것이라고 인식하고 있는 것입니다.

초창기 인류가 이동을 한 이유는 수렵과 채집을 위한 것이었습니다. 그렇다면 현대의 사람들은 왜 자주 이사를 해야만 하는 것일까요?

﹗ 우리는 왜 이사를 하는 것일까?

사람들은 살아가면서 대개 이사를 몇 번 다닙니다. 이사는 생애주기 중 특정 시기에 집중되는 경향이 있습니다. 유치원이나 초등학교에 다니는 어린 시절, 대학에 입학하거나 취직을 하거나 결혼을 하는 20~30대가 그 시기입니다.

결혼을 하고 자녀가 성장하면서 생활이 안정기에 접어드는 40~50

대에는 이사를 하는 빈도가 상대적으로 적어집니다. 그렇게 정착하여 살다가 50~60대의 초로기가 되면 함께 살던 자녀들이 독립해서 집을 나가고 퇴직 등으로 생활 규모가 축소됩니다. 사람들은 이때 다시 한 번 이사를 한 후 그곳에 남은 생애 동안 정착하는 경향을 보입니다.

즉, 이사를 자주 하는 것은 청년기를 비롯해 아직 생활이 안정되지 않은 시기에 나타나는 현상입니다. 생활의 기반이 탄탄해질수록 이사 빈도는 줄어듭니다.

대학에 입학하고 보니 학교 앞 자취방이 너무 비싸 매 학기 이사를 다녀야 했다느니, 전셋값이 계속 오르는 바람에 2년마다 이사를 해야 했다느니 하는 것은 대부분 20~30대에 일어나는 일입니다. 아이들이 어린 시절 이사를 자주 다니는 이유 역시 아직 젊은 부모가 생활 기반을 미처 잡지 못했기 때문이라고 할 수 있습니다.

이처럼 이사를 자주 다녀야 하는 이유는 무엇일까요? 스무 살 이전에는 본인의 의지보다는 부모님의 결정으로 이사를 다니게 되는 경우가 많으므로 주거 문제에 결정권을 갖게 되는 스무 살 이후부터를 생각해보기로 합시다.

만약 스무 살에 처음으로 부모의 집에서 독립해 혼자 살게 된다면 그것은 집에서 멀리 떨어진 대학에 입학했거나 혹은 고교를 졸업하고 곧장 취직을 했기 때문일 것입니다. 대학은 부모의 집에서 통학을 했더라도 졸업 후 일을 하기 시작하면서 직장 근처에 원룸*을 얻어 생활할 수도 있습니다. 결혼을 하면서 새 집을 얻는 경우도 생깁니다. 주로 20대에서 30대 초반에 일어나는 이런 일은 '학교·직장·결혼'이라는 인생의 중요한

*
방 하나로 침실, 거실, 부엌, 식당을 겸하도록 설계한 주거 방식이다. 1인, 혹은 2인 가구가 주로 산다.

세 가지 일과 맞물려 있습니다.

결혼을 해서 신접살림을 차렸다고 해서 그 집에 계속 머물러 사는 것은 아닙니다. 많은 신혼부부들은 집을 마련할 자금이 모자라기에 적게는 1천만 원에서 많게는 1억 원 정도가량의 보증금*을 내고 집을 빌려 사는 전세 제도**를 이용합니다.

하지만 시간이 지나면 전세 보증금은 계속 오르게 마련입니다. 처음에는 가진 금액에 맞는 다른 전셋집을 찾기 위해 몇 번의 이사를 다닐 것입니다. 그러다가 이삿짐 싸기가 지겨워진 어느 날, 부부는 결국 돈을 빌려 집을 삽니다. 그때쯤이면 아이는 초등학교 고학년이나 중고등학생쯤으로 자라 있을 것이고, 부모는 잦은 전학이 아이의 공부에 지장을 줄까 걱정이 되어서라도 이사를 당분간 멈출 것입니다.

이처럼 사람들이 이사를 자주 다니는 이유는 집 자체의 기능 때문이 아니라 학교와 직장 등 외부적인 원인 때문입니다. 또한 이사를 가고 싶어도 못 하는 이유 역시 학교와 직장 등 외부적 원인 때문입니다. 사실 현대 자본주의 사회에서 학교와 직장은 서로 별개의 것이 아니라 매우 긴밀하게 연결되어 있습니다.

자본주의 사회에서 자본은 크게 세 가지로 나뉩니다. 첫째, 부동산과 현금자산을 비롯한 경제자본입니다. 둘째, 대학 졸업장이나 각종 자격증 등의 학력자본입니다. 셋째, 인맥이나 가문 등 그의 문화적 배경을 말해주는 문화자본입니다. 이 세 자본은 서로 강한 상관관계를 가집니다. 명문대학을 졸업하고 가치 높은 자격증을 취득한 사람은 높은 학력자본을 가진 사람입니다. 학력자본이 높은 사람은 높은 연봉을 받는 기업에 취직할 확률이 높습니다. 학력자본이 곧 경제자본으로 이어지는 것입니다.

그렇게 큰 기업에 취직하고 보니 같은 대학을 졸업한 선배들이 회사 안에 많이 있습니다. 동문 선후배들이 서로 모여 친목을 다지고 정보를 공유하면 승진이나 이직에도 유리할 것입니다. 그렇게 친해진 사람들이 만나 결혼을 할 수도 있습니다. 이런 흐름은 학력자본과 경제자본이 곧 문화자본으로까지 이어짐을 의미하며, 결국 이 세 가지 자본은 서로서로 맞물려 돌아가고 있습니다. 현대사회에서 학력자본과 경제자본은 매우 중요하게 여겨집니다. 이사를 다니는 이유와 다닐 수 없는 이유도 모두 이 세 가지 자본과 연관되어 있습니다.

젊은 나이에는 대학 입학이나 취업이라는 명백한 이유가 있지 않는 한 독립을 하기가 쉽지 않습니다. 따로 거주지를 마련하기에는 가진 돈과 버는 돈이 적기 때문입니다. 그럼에도 불구하고 독립을 하는 이유는 학력자본과 경제자본을 놓치고 싶지 않아서입니다. 결혼을 할 때도 마찬가지입니다. 신혼집을 구할 때 가장 염두에 두는 것은 직장과의 거리입니다. 이후 아이가 자라 학교에 들어갈 나이가 되면 이제 '학군'***이 주거지를 좌우하기 시작합니다. 아이 역시 탄탄한 학력자본을 쌓아야 하기 때문입니다.

이런 이동 경로는 계절에 따라 이동을 하며 살던 채집경제 시대의

* 월세나 전세로 부동산을 빌릴 때 임대인에게 맡기는 돈. 월세의 경우에도 세입자가 월세를 제때 내지 않을 것을 우려해 보증금을 받는 경우가 많다. 보증금은 계약이 끝나면 돌려받는다.

** 부동산의 소유자에게 일정한 금액을 맡기고 그 부동산을 일정 기간 동안 빌려 쓰는 일. 1년이면 1년, 2년이면 2년 동안 목돈의 보증금을 맡기고 부동산을 이용하다가 계약이 끝날 때 맡겼던 돈을 돌려받는 제도.

*** 지역별로 중고등학교를 합쳐 지정한 학교의 무리. 학부모들은 이른바 명문학교에 있는 학군에서 살고자 한다. 자연스레 명문학군의 집값은 비교적 높아진다.

모습과 크게 다르지 않습니다. 구석기 시대 사람들이 1년에 두 번씩 이사를 다녔던 것은 경제적 이유 때문이었습니다. 산업화된 현대사회에서 학교와 직장에 따라 이사를 다니는 것도 결국 경제적 이유 때문입니다.

이전까지 우리 사회는 오랫동안 농경사회의 전통을 이어왔습니다. 땅을 경작해 농사를 지어야 하는 농경사회의 특성상 집을 옮기는 것은 현대 산업사회에서의 잦은 일자리 바꾸기만큼이나 위험하고 불안한 일이었습니다. 우리는 현대 산업사회에 살고 있지만 여전히 내면에는 농경사회 때의 습성이 남아 이사를 자주 다니는 것을 불안하고 위험한 일로 보는 성향이 강합니다. 하지만 농경사회에서의 긴 정착, 수렵사회와 산업사회에서의 잦은 이동 양쪽 모두 경제적 이유에서 기인한다는 것을 생각하면 이사를 자주 하는 현상은 시대의 변화에 따른 자연스러운 모습입니다.

❖ 도시의 집값은 왜 비쌀까?

사람들은 꼭 자본을 확보하기 위해서만 이사를 하는 것은 아닙니다. 특히 도시에 사는 사람들은 지방에서 사는 사람들보다 비교적 자주 이사를 합니다. 높은 주거비 때문입니다.

집주인이 전세 보증금이나 월세금을 올려달라고 해 좀 더 작은 집이나 변두리에 있는 집으로 이사를 갔다는 이야기가 여기저기서 들립니다. 서울의 집값이 비싼 것은 어제오늘의 일이 아닙니다. 서울뿐만 아니라 도쿄, 홍콩, 뉴욕, 파리 등 거의 모든 대도시의 공통된 문제이기도 합니다. 어느 나라나 대도시와 농촌의 집값 격차는 상당히 큽니다. 이러한 차이가 나는 이유는 무엇일까요?

20~30년 전, 농촌에서 서울로 많은 사람들이 모여들었습니다. 그때는 시골에서 소와 논밭을 판매한 돈으로 작은 트럭에 이삿짐을 싣고 서울로 이사를 오는 모습을 흔히 볼 수 있었습니다. 이제는 50~60대가 된 이들이 젊었던 당시 시골에서 서울로 이주를 한 까닭은 서울에 일자리도 많고 아이들을 교육시킬 학교도 많기 때문이었습니다.

즉 대도시는 직장과 학교라는 재화가 몰려 있는 곳입니다. 그러나 한정된 공간에는 한정된 개수의 집밖에 지을 수 없습니다. 한정된 공급에 수요가 몰려드니 가격이 높아집니다.

더군다나 현재의 50~60대는 '베이비 붐' 세대입니다. 한국전쟁이 끝난 뒤 사회가 안정되면서 당시 젊은 부부들은 아이를 많이 낳았습니다. 한 가정이 아이를 적게는 네다섯, 많게는 열 명까지도 낳았기 때문에 인구는 폭등했습니다. 치솟은 인구가 모두 서울로 몰려드니 집은 짓는 대로 팔려나갔고, 가격이 오르고 올라도 부족하기만 했습니다.

인구가 많아지면 상업시설과 문화시설 등 기반시설도 더욱 많아집니다. 시설이 갖추어질수록 대도시는 더 많은 사람이 원하는 곳이 되어가고, 집값은 계속 비싸집니다. 하지만 시골에서 갓 상경을 한 사람들은 당장 주택 구매가 어렵기 때문에 전세든 월세든 집을 빌려 살 수 밖에 없습니다. 하지만 임대료도 머물러 있지만은 않습니다. 물가 변동과 비례해 임대료도 계속 오르기 때문에 점점 더 싼 집을 찾아서 자꾸만 이사를 가게 됩니다. 이 시기가 보통 독립을 하거나 결혼을 하고 나서 아이가 태어나 학교에 입학하기까지 걸리는 대략 10년 가까운 시간에 해당합니다. 은행이나 각종 금융 회사에서 이자가 낮은 대출을 홍보하는 광고에서 "엄마 정말 우리 집이 생기는 거야? 이제 이사 안 가도 되는 거야?" 같은 아이의 목소리를 강조하는 것도 바로 그 때문입니다.

농경사회에서 생산기반은 작물을 재배할 수 있는 토지였고, 토지는 농촌에 많았습니다. 하지만 산업사회에서 생산기반은 토지가 아닌 직장이고, 좋은 직장을 얻기 위해서는 회사가 많은 곳으로 가야 합니다. 좋은 직장에 들어가기 위해서는 좋은 학교를 졸업하는 것이 유리하다는 점에서 학교 역시 간접 생산기반입니다. 학교와 직장이 몰려 있는 대도시로 사람이 몰리는 것은 산업사회 특유의 문화 현상이며, 대도시의 집값은 그래서 비싸집니다.

❖ 이사를 다녀도 결국 같은 동네

이사의 패턴에는 일정한 방향성이 있습니다. 이사를 자주 다니는 것 같아도 결국 학교 근처, 직장 근처를 좀처럼 벗어나지 않습니다. 서울, 대전, 대구, 부산 등 전국 곳곳을 떠돌아다녔다는 이도 자세히 알아보면 결국 일자리를 따라 움직이다 보니 그렇게 된 것뿐입니다. 학교나 직장 때문이 아닌 다른 이유로 집을 옮기는 경우에는 계속 같은 자리를 맴돕니다.

서울을 비롯한 대도시는 몇 가지 구획으로 나눌 수 있습니다. 지금까지는 도시를 동심원 구조로 나누어 보는 것이 일반적이었습니다.

이를 동심원 이론이라 하는데, 쉽게 말해 업무시설과 생산시설이 몰려 있는 중심업무지구CBD, central business district가 도심 한가운데 있고, 그 주변으로 경공업과 상업지구가 있는 전이지대zone of transition가 있으며, 또한 그 주변으로 주택가가 있고 마지막으로 중산층이 거주하는 교외 지역이 있다는 이론입니다.

이를 그림으로 그리면 사격이나 활쏘기 과녁과 같은 동심원 형태가 나옵니다. 실제로 중심으로 갈수록 땅값이 비싸지고 외곽으로 나올수록 집값이 저렴해진다는 점에서 어느 정도 타당성이 있습니다.

하지만 최근에는 동심원 이론보다 부채꼴 이론이 더욱 설득력을 얻고 있습니다. 도시는 과녁판과 같은 동심원으로 이루어져 있다기보다는 피자를 잘라낸 듯한 부채꼴로 이루어져 있다는 이론입니다. 이를 선형 이론이라고도 합니다. 도시는 가운데 중심업무지구를 중심으로 대략 6등분 혹은 8등분으로 나뉘는데, 이때 같은 등분에 속한 지역들은 서로 문화적·경제적으로 동질성이 강하다는 이론입니다.

서울을 예로 들자면 종로구·중구·용산구를 중심업무지구(CBD)로 보았을 때 대략 5등분으로 나눌 수 있습니다. 동대문구·성동구·성북구·중랑구·노원구 등으로 구성된 동북 지역, 서대문구·마포구·은평구 등으로 구성된 서북 지역, 영등포구·금천구·구로구·강서구 등의 서남 지역, 그리고 서초구·송파구·강남구·강동구 등으로 구성된 동남 지역 등입니다. 서울을 이렇게 나누고 보니 동심원으로 이어지는 지역들보다는 오히려 부채꼴 한 등분 안에 모여 있는 지역들이 훨씬 더 경제적, 문화적으로 비슷하다는 것을 알 수 있습니다.

재미있는 것은 사람이 생애주기에 따라 이사를 다니는 과정에서

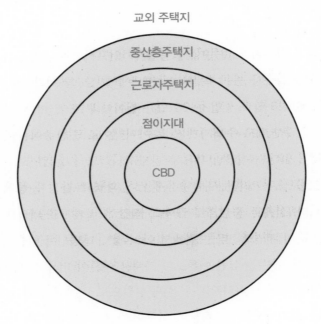

▸▸ 동심원 이론

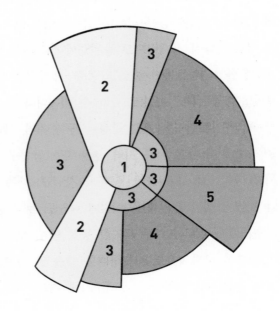

▸▸ 부채꼴 이론

   1. 중심 업무 지구
   2. 도매 경공업 지구
   3. 저금 주택 지구
   4. 중산층 주택 지구
   5. 고급 주택 지구

이 한 부채꼴을 좀처럼 벗어나지 않는다는 것입니다. 지역의 부도심에서 혼자 자취를 하다가 결혼을 하면서 보다 더 넓은 집을 찾아 좀 더 외곽으로 물러나는 경우를 살펴보면, 이 경우에도 같은 부채꼴 등분 안에서 외곽으로 후퇴하는 현상을 보입니다. 그 후 자녀가 태어나 더 넓은 집이 필요하게 되면 다시 한 번 같은 부채꼴 지역 안의 교외에 집을 얻고, 시간이 지나 은퇴를 할 경우 역시 같은 부채꼴 안에서 더욱 후퇴하는 경향이 있습니다.

예를 들어 서울 신촌 지역에서 대학 생활을 시작한 A의 경우를 생각해봅시다. A는 학교 근처인 신촌의 원룸에서 대학 시절을 보낸 다음 취직을 하고서는 마포구의 오피스텔로 집을 옮겼습니다. 그 후 결혼을 하면서 은평구나 서대문구의 아파트에서 살림을 차렸으며, 이후 자녀가 자라면서 더 넓은 집이 필요해져 일산 쪽으로 집을 옮겼습니다. 은퇴 뒤 파주의 타운하우스에서 산다고 할 경우, 그는 생애주기에 따라 몇 번의 이사를 다녔지만 여전히 서북 지역 부채꼴 안에서만 머무른 셈입니다. 중심가에서 교외 사이를 오가는 전진과 후퇴만 있었을 뿐 다른 부채꼴에 속하는 지역으로 넘어가지는 않은 것입니다.

혹은 이런 경우도 있습니다. 성북구에 있는 대학에 다니면서 그곳에서 대학 시절을 보낸 B 씨는 취직을 한 이후에도 여전히 성북구에 살았습니다. 하지만 결혼을 하면서 강남에 새 집을 마련했는데 그 이유는 맞벌이를 하는 아내의 직장이 강남에 있었기 때문입니다. 처음에는 서초구의 작은 투룸에서 신접살림을 시작했고, 아이가 자라서 학교에 다니게 되자 근처의 작은 아파트로 집을 옮겼습니다. 강남의 집값이 비싸 넓은 집을 장만할 수는 없었습니다. 집이 좁아 불편했지만 아이가 좋은 학군에 머무르기를 바랐기 때문에 이사를 다닐 수는 없었습니다. 그 후 자녀를 대학에 보내고 난 뒤 B씨 부부는 집값이 비교적 낮은 강동구의 중형 아파트로 이사를 했고, 은퇴 후에는 경기도 광주의 전원주택에 자리를 잡았습니다. 이 경우 부채꼴 밖으로 이사를 한 경우는 결혼을 해 신혼집을 마련했을 때뿐입니다. 이후에는 같은 부채꼴 영역 안에서 이동을 했고, 은퇴 후 전원주택지로 자리를 잡은 곳 역시 같은 부채꼴 안임을 알 수 있습니다.

생애주기에 따른 이사 과정을 추적해보면 놀랍게도 70~80%의 사람들이 같은 부채꼴 영역 안에서 움직입니다. 사람들이 부채꼴을 넘어서 이사를 가는 경우는 대학 입학이나 취직이나 직장 변경, 결혼 등 중대한 사유가 있을 때뿐입니다.

이사를 하는 이유, 혹은 하지 않는 이유는 항상 그 사회의 생산기반에 따라 변화했습니다. 채집경제 시대에는 먹을 것을 찾아서 여름과 겨울에 주거지를 바꾸었고, 때로는 계절에 따라 1년에 네 번 이사를 하는 경우도 있었습니다. 채집경제사회가 농경사회로 바뀌면서 토지가 중요한 생산수단이 되었습니다. 농경지를 떠나는 것은 삶과 생산의 터전을 버리는 것이나 다름없었기에 위험한 일로 여겨졌고, 오랜 시간 한곳에 머물러 사는 것을 이상적으로 생각하는 문화가 자리잡았습니다. 심지어 일평생을 한곳에서 사는 것을 바람직한 일이라여기기도 했습니다.

한편 현대 산업사회에서 사람들은 토지가 아닌 기업, 공공기관, 전문직종, 자영업 등 다양한 업무를 통해 돈을 벌고 있습니다. 소속된 조직, 그리고 주변의 사람이 주된 생계 수단이 되면서 기업 혹은 국가가 요구하는 일정 수준의 지식을 갖추기 위한 학교의 중요성이 대두되었습니다. 이런 사회에서 학교와 직장은 농경사회의 토지와 같은 경제 요소입니다.

요약해보면 이사를 가는 이유, 이사를 가지 못하는 이유는 결국 한 가지 원인으로 귀결됩니다. 경제자원을 쉽게 획득하기 위해, 쉽게 말해 먹고살기 위해서입니다. 몇 천 년의 시간이 흐르는 동안 사회의 과학기술은 놀라울 정도로 발전했고 그에 따라 사람이 살아가는 방식도 변했습니다. 그러나 그 본질은 몇 천 년 전과 크게 달라지지 않은 것입니다.

집값,
세상을 움직이다

17세기 네덜란드에서 이상한 일이 벌어졌습니다. '동방에서 온 신비한 꽃' 튤립의 값이 비정상적으로 오른 것입니다. 네덜란드의 튤립 광풍은 널리 알려져 있지만 실제 튤립의 가격이 얼마였는지 정확히 아는 사람은 드뭅니다. 네덜란드에서는 1630~1640년대 목수와 재단사의 1년 수익이 대략 250 길더 정도였고, 부유한 상인의 1년 수익이 3,000길더 정도였습니다. 네덜란드 화가 렘브란트의 최고 걸작 〈야경(The Night Watch)〉의 경매가가 1,600길더로 매겨지던 시대입니다.

그런데 이 당시 튤립 구근 하나의 최고 가격이 5,200길더를 기록한 적이 있었습니다. 당시 물가로 현재 서울의 아파트 한 채를 살 수 있는 가격입니다. 꽃 한 송이에 그렇게 비싼 가격이 매겨진 이유는 무엇일까요? 현재 우리가 사는 아파트의 가격을 당시의 튤립 가격과 비교하는 학자들이 있습니다. 그 이유는 무엇일까요? 우리가 사는 아파트 값에는 어떤 문제와 현상이 담겨 있는 것일까요?

콜라나 사이다 같은 탄산음료를 컵에 따르면 거품이 부풀어 오릅니다. 그러나 넘칠 듯 부풀어 오른 거품이 꺼지고 나서 보면 실제 음료는 컵의 절반밖에 들어 있지 않습니다. 이러한 현상에 빗대어 실제 값어치보다 지나치게 높게 책정된 가격을 '거품 가격'이라 말합니다. 실제 가격은 그 정도로 높지 않은데 거품이 발생해 가격이 높아졌다는 뜻입니다.

이미 20년도 더 전부터 현재까지 늘 입에 오르내리는 것이 바로 '부동산 거품'입니다. 현재 부동산, 특히 건물의 가격이 거품이라는 뜻입니다. 거품에 비교된다는 것은 그만큼 집값이 비싸다는 이야기입니다. 특히 대도시의 집값이 비싼 이유는 앞서 설명한 바 있습니다. 학교와 직장을 비롯해 병원, 관공서, 영화관, 백화점, 공원 등 각종 문화 시설이 밀집해 있는 도시는 살기 편한 곳이어서 많은 사람들이 그곳에 살기를 원합니다. 하지만 도시는 무한정 뻗어나갈 수 있는 장소가 아닌, 정해진 구역 안의 한정된 공간이기 때문에 결국 수요와 공급의 법칙에 따라 집값이 비싸질 수밖에 없다고 말입니다. 이런 현상은 현대 한국에서만이 아니라 시대와 장소를 불문하고 항상 있어왔습니다.

고대 도시 중에서 가장 유명했던 로마는 이미 2천 년 전부터 인구 밀집과 비싼 집값으로 유명했습니다. 당시 로마는 지중해 인근에 많은 주州를 거느리면서 국제도시로 성장하고 있었는데, 그러다 보니 장사를 하거나 일자리를 구하기 위해 많은 인구가 몰려들었습니다. 이에 부자들의 단독주택이던 도무스에 상점과 셋방을 들이는 경우가 많아졌고, 나중에는 인술라라는 최초의 아파트가 생겼다고 앞에서 이미 설명했습니다.

현재 서울 시내에 단독주택보다 아파트의 비율이 높아지고 있듯 기원 무렵의 로마 시내도 마찬가지였습니다. 로마 시내에는 단독주택인 도무스가 1,800여 채, 집합주택인 인술라는 46,000여 채가 있었습니다. 비싼 땅에 단독주택을 짓느니 인술라를 지어 여러 사람에게 집을 빌려주고 주인은 그 집세로 로마 인근의 작은 도시에 넓은 단독주택을 지어 사는 것이 편리했기 때문입니다.

인술라는 보통 부엌 하나에 방 한두 개가 붙어 있는 좁은 집이었지만 가격은 비쌌습니다. 로마의 집값은 갈수록 올라서 부모에게 집을 물려받지 못하는 이상 한 사람이 자기가 번 돈으로 살아생전 로마 시내에 집을 사는 것은 불가능에 가까워졌습니다. 로마 시민들은 1년 단위로 임대료를 내는 셋집에 살았는데, 연간 임대료는 대략 2천 세스테르스sesterce 가량이었습니다. 당시 물가로 이 정도면 로마 인근에 전원주택 한 채를 살 수 있었으니 지금의 서울보다 로마의 집값이 더 비쌌다고 할 수 있겠습니다.

집값이 비싼 도시를 꼽자면 산업혁명 직후의 런던도 빼놓을 수 없습니다. 제국주의의 시대, 18세기부터 꾸준히 식민지를 넓혀온 런던은 19세기에 이르러 세계 최대 규모의 강대국이 되어 있었습니다. 강대국의 수도인 런던에는 당연히 인구가 집중되었고 자연스레 집값도 치솟았습니다. 19세기 초 100만 명 정도였던 런던 인구는 1901년 658만 명에 이를 정도였습니다.

비슷한 시기, 똑같이 영국에서 발표된 소설 『테스』(1891)와 『셜록 홈스』(1887) 시리즈를 비교해보면 시골과 런던의 물가를 파악할 수 있습니다. 두 소설의 내용을 비교해보면 테스가 사는 시골 농부와 허드렛일꾼의 1년 품삯이 런던에서의 4주 하숙비와 같습니다. 영국 시골에서 농부가 1년 동안 일해 번 돈을 쥐고 런던으로 상경할 경우 고작 4주밖에 지낼 수가 없었던 것입니다.

이처럼 도시의 집값이 비싼 것은 역사적으로 늘 있어왔던 일입니다. 그 이유는 일자리, 다시 말해 경제적 이유 때문이라는 것을 앞서 설명했습니다. 그런데 가격이 지나치게 비싸지다 보면 거품 논란이 일어납니다. 실제 마실 수 있는 양보다 거품이 더 많은 탄산음료처럼 실제 가격보다 더욱 부풀려진 가격으로 부동산이 거래되고 있다는 이야기입니다.

부동산 거품은 왜 생길까?

모든 상품의 값은 '가격'과 '가치'로 나누어 생각할 수 있습니다. 한 학생이 새로 출시된 게임과 인터넷 검색 등을 하기 위해 새 컴퓨터를 70만 원에 구입했다고 합시다. 70만 원은 가격이고, 게임과 인터넷 검색 등 컴퓨터를 산 목적은 사용가치가 됩니다. 내가 이 가격이 적당하다고 생각한다면 가격과 사용가치가 서로 같은 것입니다.

이번에는 70만 원짜리 금반지를 구입했다고 합시다. 비싼 반지를 끼고 외출을 하려니 불안하기도 하고 어색하므로 반지는 특별한 날에 대비해 일단 서랍 안에 넣어둘 것입니다. 사실 반지라는 물건에 당장 구체적인 쓸모가 있는 것은 아닙니다. 금으로 만들었든 은으로 만들었든 손가락에 낀다는 반지의 기능이 특별히 좋아지지는 않습니다. 즉 사용가치는 거의 제로에 가까운데 가격만 70만 원인 셈이니, 가치와 가격이 서로 같지 않습니다.

그런데 이런 고가 장식품의 사용가치는 '장식' 외에도 한 가지가 더 있습니다. 샀던 장식품을 되팔 경우 적지 않은 돈을 받을 수 있다는 점입니다. 70만 원짜리 컴퓨터는 사용하다가 중고로 내놓으면 반값도 받기 힘들지만, 70만 원짜리 금반지는 사용하다가 중고로 되팔 경우 샀을 때와 거의 비슷한 값을 받을 수 있습니다. 만일 내가 반지를 구입할 때보다 전반적인 금의 가격이 올랐다면 오히려 샀을 때보다 비싼 값으로도 팔 수 있는 것이 귀금속의 특징입니다. 즉 금반지에는 장식품으로서의 가치뿐 아니라 바로 현금으로 교환할 수 있는 교환가치가 있다고 볼 수 있습니다. 이때 반지를 팔아서 받을 수 있는 몇 십만 원의 돈이 바로 반지의 교환가치입니다.

세상에는 이처럼 사용가치보다 교환가치를 기준으로 가격이 매겨지는 재화들이 있습니다. 대표적으로 금과 보석, 미술품과 골동품 등이 있습니다. 현대사회에서는 바로 현금으로 바꿀 수 있는 주식도 교환가치가 높은 재화로 볼 수 있습니다. 낡은 그림이나 골동품 한 점의 가격이 1억 원을 호가하는 경우를 종종 봅니다. 그림 한 장이 그토록 비싼 값에 팔리는 이유는 지금 1억 원에 사둔 그림을 나중에 2억 원으로 되팔 수 있을 것이라는 기대가 깔려 있기 때문입니다. 이처럼 재화의 가격에는 사용가치와 교환가치가 모두 포함되어 있습니다. 컴퓨터는 사용가치가 높은 반면 교환가치는 낮은 제품입니다. 금반지는 사용가치는 낮은 반면 교환가치는 높은 제품입니다. 그런데 부동산은 사용가치와 교환가치가 모두 높은 재화입니다.

대표적인 부동산으로 땅이 있습니다. 땅은 공급이 한정된 재화이기 때문에 교환가치가 매우 높습니다. "옛날에 시골 땅을 평당 만 원씩 주고 천 평 정도 사둔 것이 있었는데 주변이 개발되면서 땅값이 열 배로 뛰었다" 같은 이야기가 아는 사람의 입에서, 텔레비전에서, 신문과 잡지에서, 기타 여러 매체에서 나와 사람들에게 '대박'을 꿈꾸게 합니다. 이러한 교환가치는 곧장 사용가치로 전환할 수 있습니다. 시골의 한적한 공터도 개발이 되어 도시화가 진행되면 높은 빌딩을 지을 수 있기 때문입니다.

그런데 사용가치보다 교환가치가 훨씬 높은 부동산이 있습니다. 바로 아파트입니다. 교환가치가 사용가치로 전혀 전환되지 않을 때 그 재화에 거품이 끼었다고 말합니다.

강남의 33평 아파트가 대략 10억 원에 거래될 때, 같은 33평 아파트를 강북에서는 3억 원에 살 수 있습니다. 그럼에도 강남의 아파트를 비싸게 사는 이유는 몇 년 후 집값이 오르면 12억에 되팔 수 있다는 계산이 깔려 있기 때문입니다. 현재 많은 아파트 구매자들은 '내가 살 집'을 찾는 것이 아니라 '비싸게 되팔 수 있는 집'을 찾습니다. 위에서 말한 금이나 보석, 미술품이나 골동품을 살 때와 마찬가지로 말입니다. 10억이라는 가격 속에는 사용가치보다 교환가치가 훨씬 더 큰 비중을 차지하고 있는 것입니다.

사용가치보다 교환가치가 월등히 큰 상품으로 역사에 남은 물건도 있습니다. 17세기 네덜란드의 튤립입니다. 그때의 튤립 가격 폭등을

'튤립 파동'이라고 부르는데, 당시 네덜란드에서 튤립은 마당에 심기 위한 꽃이 아니라 큰돈을 벌 수 있는 수단이었습니다.

네덜란드에 튤립이 전래되자 처음 보는 아름다운 꽃송이에 수많은 사람들이 매료되었습니다. 그만큼 여러 사람들이 튤립을 사고 싶어 했습니다. 하지만 튤립은 단기간에 꽃을 피우기 어렵습니다. 씨앗을 심을 경우 꽃이 피기까지 짧게는 3년, 길게는 7년까지 걸립니다. 구근을 심으면 꽃은 빨리 피지만 꽃을 아예 피우지 못하고 죽는 경우도 있었습니다. 튤립을 원하는 사람들은 많았지만 튤립의 공급 속도가 수요를 따라가지 못했습니다. 그러다 보니 튤립 가격은 점점 올라갔습니다.

그러다가 변종 바이러스에 감염되어 돌연변이 튤립이 탄생했습니다. 빨강, 파랑, 보라색 등이 한 꽃송이에 뒤섞인 튤립이 피어났던 것입니다. 그러나 바이러스 감염으로 인한 변종이었다는 사실은 현대에 와서 밝혀졌으며, 그 당시에는 신비로운 현상으로 여겨질 뿐이었습니다. 변종 튤립은 비싸게 팔렸고, 사람들은 또다시 이런 '기적'이 일어나기를 바라며 튤립 구근을 사기 시작했습니다.

그때의 튤립 거래는 꽃을 사고파는 것이 아니라 구근을 거래하는 형태였습니다. 모든 생물은 바이러스에 감염되었다 할지라도 그 형질이 나타날 수도 있고 나타나지 않을 수도 있습니다. 즉 내가 산 구근에서 돌연변이 꽃이 필지 정상적인 꽃이 필지는 아무도 알 수 없는 것입니다. 운 좋게 돌연변이 꽃이 피면 그 꽃의 구근은 몇 배의 가격으로 되팔 수 있었으니, 당시의 튤립은 '대박'을 꿈꾸는 사람들에게 지금의 주식과 같이 사고팔렸습니다. 그 과정에서 거품이 발생했습니다.

그런데 튤립과 주식은 생활필수품이 아닙니다. 튤립과 주식이 없다

▶▶ 17세기 가장 비싸게 팔린 튤립 종이었던 센페이 아우구스투스(Semper Augustus).

해서 생활에 불편을 느끼는 사람은 없습니다. 교환가치가 사용가치보다 우선되는 재화는 대부분 '없어도 살아갈 수 있는' 경우가 대부분입니다. 금, 보석, 미술품, 골동품이 없어도 생활하는 데는 부족함이 없습니다.

하지만 집은 그렇지 않습니다. 집이 없다는 것은 생존의 문제로 이어집니다. '의식주'라는 말이 있듯이 집은 사람이 살기 위해 반드시 필요한 최소한의 재화인데, 이런 생활필수품에 교환가치가 사용가치보다 우선시되는 거품이 끼었으니 문제가 일어나게 됩니다.

▒▒▒ 음식에는 엥겔지수, 집에는 슈바베지수!

이제 막 경제활동을 시작한 사회 초년생에게는 집을 살 돈이 없습니다. 그래서 일단은 몇 십만 원 정도의 월세를 내는 집에 살며 조금씩 저축을 해나갑니다. 돈이 어느 정도 모이면 몇 천만 원 정도 되는 보증금을 집주인에게 맡기고 집을 빌려 사는 전셋집으로 옮겨 갑니다.

전셋집에서 살기 시작하면 다달이 지출되던 월세가 절약됩니다. 보증금은 나중에 집을 나갈 때 돌려받을 수 있습니다. 그래서 전셋집 장만에 성공한 사람들은 저축에 박차를 가합니다. 좀 더 돈을 모아 진짜 내 집을 마련하기 위해서입니다.

그러나 저축하는 속도에 비해 집값이 오르는 폭과 속도가 훨씬 넓고 빠르기 때문에 아무리 돈을 모아도 내 집 마련의 꿈은 점점 멀어집니다. 게다가 해마다 집주인이 찾아와 전세 보증금을 올려달라고 합니다. 집을 사기는커녕 매년 모은 돈으로 전세금 올려주기에 급급합니다.

그러다 보면 전세금만 올려주느니 좀 무리를 해서라도 그 돈으로 집을 사겠다는 사람도 등장합니다. 그런데 집을 사고 나서 반드시 내가 산 집값이 오른다는 보장은 없습니다. 게다가 집을 사기 위해 빚을 냈다면 매달 이자가 나갑니다. 이자 금액도 만만치 않아 생활비가 쪼들립니다. 내 집이 생겼는데 생활의 질이 더 나빠진 것 같은 기분이 듭니다. 월세집에 사는 것인지 내 집에서 사는 것인지조차 헷갈릴 지경입니다. 이처럼 집이 있지만 무리한 대출금과 세금 등으로 오히려 실질적인 소득이 줄어 가난한 사람을 '하우스푸어house poor'*라 부릅니다.

전체 지출 중에서 식비가 차지하는 비율을 '엥겔지수Engel's coefficient'라 합니다. 엥겔지수는 저소득층일수록 높고 고소득층일수록 낮습니다. 사람인 이상 먹는 음식의 양을 줄이고 늘리는 데는 한계가 있기 때문에 전체 소득에서 식비가 차지하는 금액은 크게 차이가 나지 않습니다. 4인 가족 기준 한 달 식비가 평균 50만 원 정도 나온다고 합시다. 한 달 수익이 100만 원인 4인 가족이 아무리 식비를 아낀다고 해도 어쨌든 먹어야 살 수 있으므로 한 달 식비는 40만원 안팎까지밖에 줄일 수 없을 것입니다. 한편 한 달에 300만 원을 버는 4인 가족은 좀 더 비싼 음식을 자주 먹기는 하겠지만 그래도 식비는 60~70만 원 정도에 그치게 됩니다. 돈이 있다 해서 배가 부른데도 무한정 먹을 수는 없기 때문입니다.

*
직장이 있지만 급여가 낮아 아무리 일을 해도 가난을 벗어날 수 없는 계층을 '워킹푸어'라고 부르는데 하우스푸어는 이에 빗대어 생겨난 말이다.

이때 100만 원을 버는 집의 엥겔지수는 40%, 300만 원을 버는 집의 지수는 20~23%정도가 됩니다. 이처럼 소득이 낮을수록 버는 돈의 많은 부분을 식품 구입에 사용해야 하기 때문에 옷을 사거나 문화생활에 지출할 수 있는 비용 등은 상대적으로 적어집니다.

전체 지출 중에서 식비 대신 주거비 지출을 따져보는 지수를 슈바베지수Schwabe index라고 합니다. 주거비란 월세 등의 임대료, 주택을 살 때 빌린 돈을 갚느라 드는 상환금, 주택의 유지와 수선에 드는 비용, 주거 관련 각종 서비스 비용, 관리비, 난방비, 전기세 등 주택과 직간접적으로 관련된 모든 소비 항목들의 총금액입니다. 슈바베지수란 주거비가 전체 생계비에서 차지하는 비율을 백분율로 계산한 수치입니다.

일반적으로는 집을 가지고 있는가 아닌가로 사회계층을 구분합니다. 하지만 최근에는 집을 소유하고 있지만 대출금을 갚느라 빈곤한 생활을 하는 사람도 있고, 전셋집에 살고 있지만 무리하게 집을 구입한 사람보다 오히려 생활이 윤택한 사람도 있습니다. 그런데 슈바베지수를 적용하면 집을 가졌는가 아닌가, 전세인가 월세인가 등에 관계없이 저소득층일수록 슈바베지수가 높게 나옵니다.

슈바베지수가 높다는 것은 주거비용이 가계에 부담이 된다는 의미입니다. 지난 몇 년간 끝 모르고 치솟는 집값은 우리나라의 큰 골칫거리였습니다. 하지만 최근 주택 공급량이 많아지면서 집값은 조금씩 떨어지기 시작했습니다.

문제는 집값이 떨어지고 있음에도 슈바베지수는 꾸준히 상승하고 있다는 것입니다. 연구에 따르면 2013년까지의 전체 가계 평균 슈바베지수가 가장 낮았을 때는 2007년(9.71%)이었습니다. 그때는 주택 가

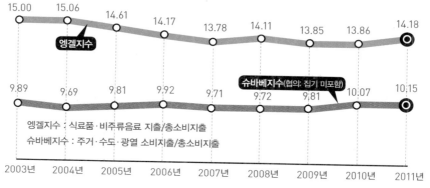

15.00　15.06　14.61　14.17　13.78　14.11　13.85　13.86　14.18

엥겔지수

9.89　9.69　9.81　9.92　9.71　9.72　9.81　10.07　10.15

슈바베지수(협의: 집기 미포함)

엥겔지수 : 식료품·비주류음료 지출/총소비지출
슈바베지수 : 주거·수도·광열 소비지출/총소비지출

2003년　2004년　2005년　2006년　2007년　2008년　2009년　2010년　2011년

▶▶ 최근 국내 전체가구 평균 엥겔지수-슈바베지수 추이

격에 버블이 심할 때였는데도 오히려 슈바베지수는 낮았고, 이후 버블이 꺼지면서 슈바베지수가 오르기 시작하더니 2011년에는 10.15%에 이르렀습니다.

이는 단순히 주택 가격의 문제라고만 볼 수 없습니다. 주택 가격이 하락하는 상황에서 슈바베지수가 상승하는 이유는 전반적인 물가 상승률에 비해 소득은 오르지 않고 멈추면서 사람들의 구매력이 감소했기 때문입니다. 살림살이가 빠듯해지면 문화·레저·외식비 등을 가장 먼저 줄입니다. 하지만 월 임대료나 주택대출상환금, 아파트 관리비, 난방비 등은 매달 일정 금액이 고정적으로 지출되기 때문에 줄일 수가 없습니다. 때문에 다른 비용에 비해 주거비의 상대적 비율이 증가하는 것입니다. 집을 사느라 발생한 이자를 감당하기 어려워하는 하우스푸어들은 높은 슈바베지수로 고통받는 대표적인 예가 될 것입니다.

유럽의 경우는 일찍부터 슈바베지수의 변화에 대한 연구를 축적하고 있지만 아직 우리나라는 이렇다 할 연구 성과가 없는 상황입니다. 1970~1980년대 한국은 경제가 빠르게 발전했습니다. 산업화와 도시화가 고속 진행되고 사람들의 소득도 크게 늘어났습니다. 물가와 함께 주택 가격 역시 크게 뛰어, 일단 주택을 사고 나면 시간이 지날수록 가격이 올랐습니다. 주택을 사는 것은 손쉬운 재테크 수단이었습니다. 이것이 바로 복부인*이 등장하고 부동산 불패신화가 탄생했던 1970~1980년대의 모습입니다.

하지만 발전은 영원하지 않습니다. 고속 성장의 끝에 정체기가 왔습니다. 저성장 시대에 다다르면 주택보급률은 어느 정도 목표치에 도달합니다. 주택을 가진 사람들이 늘어났으니 새 주택을 구매하는 사람은 적어지고 그 외 상품에 소비가 집중됩니다. 자동차, 골프장 회원권이나 콘도 이용권 등 레저 상품, 주말 별장이나 자녀를 위한 도심지 원룸 등 제2의 주택을 마련하기도 합니다. 주택 자체보다는 주택 내부를 꾸밀 수 있는 고급 전자제품, 인테리어 시설 같은 보완재의 소비가 증가하는 추세를 보입니다. 이것이 소비문화가 가장 왕성하게 발달하여 과소비 논란까지 불러일으켰던 1990~2000년대의 모습입니다.

이 시기까지 지나고 나면 주택 소비에 영향을 미치는 것은 소득보다는 인구입니다. 쉽게 말해 과거에는 경제력에 따라 주택 구매가 결정되었지만, 주택보급률 100%를 달성하고 나면 그 다음부터는 크고 비싼 집보다는 가족 수, 직장과의 거리 등 실리적인 이유에 따라 내게 맞는 집을 선호하게 된다는 것입니다.

*
1970년~1980년대 수도권이 개발되며 아파트가 세워지자 그때까지 특별한 사회활동을 하지 않았던 중상층 주부들은 부동산을 사고팔며 돈을 불리는 데 앞장섰다. 복부인이란 부동산 투기로 큰 이익을 남기던 부인들을 부르는 말이다.

현재 우리나라는 거의 이 시기에 도달해 있습니다. 독신과 2인 가구가 전체 가구 수의 절반을 넘어섰고, 출산율이 낮아져 자녀 수가 줄어들고 노인 가구가 증가했습니다. 이들은 무조건적인 '내 집 마련'에 의미를 두기보다는 직장이나 학교 근처에 있는 집, 문화시설이 많은 동네에 위치한 집을 선호하는 방향으로 흘러갈 가능성이 높습니다. 일본과 유럽에는 독신인구와 고령인구가 늘어나며 도심지에 주택이 많이 들어서고 주택 임대가 활성화되기 시작해 이러한 사실을 뒷받침하고 있습니다. 사람들이 자기 집을 사기보다 집을 빌리는 쪽을 선호하기 시작하면 결과적으로 슈바베지수는 낮아집니다. 그리고 슈바베지수를 낮추기 위해 국가에서는 여러 형태의 사회주택을 제공하고 있습니다.

▓▓▓▓ 빈자의 집합소비, 부자의 개인소비

부유층과 중상층은 외출을 할 때 자가용을 타지만 중하층이나 빈곤층은 대중교통을 이용합니다. 부유층이 해외여행을 할 때는 개인 소유 비행기나 요트를 이용하기도 합니다. 하지만 대부분의 사람들은 해외여행을 할 때 공항에 나가 대중비행기를 이용합니다.

공부를 할 때도 돈이 풍족하다면 일대일 과외를 하지만 그렇지 않을 경우 여럿이 함께 수업을 듣는 학원 수업을 선택합니다. 쇼핑을 할 때도 비싼 물건일수록 점원이 손님 한 사람을 전담해 일대일로 응대하는 경우가 많습니다. 하지만 값싼 물건일수록 점원 한 사람이 손님 여러 명을 상대해 빨리 많이 파는 것에 치중하며, 가끔은 '공동구매' 등을 이용해 집단적으로 물건을 사기도 합니다. 공동구매의 목적은 물건을 보다 싸게 구입하는 것입니다.

이처럼 고소득 상류층은 개인소비를, 중산층이나 그 이하는 집합 소비를 하는 경향이 강합니다. 이를 주택에 적용하면 부자들은 마당 이 갖추어진 널찍한 단독주택에, 보통 사람들은 공동주택에 사는 경 우가 많다고 볼 수 있습니다.

이런 경향은 서비스 구매에도 적용해볼 수 있습니다. 이를테면 1970~1980년대에는 사립초등학교와 공립초등학교 사이에 시설 면에 서 큰 차이가 있었습니다. 공립학교의 학생 수는 한 학급에 100명이 넘었고 그래도 교실이 부족해 오전반, 오후반으로 나누어 2부제 수 업을 하는 상황이어서 예체능이나 실습 등을 체험해볼 수 있는 특별 활동은 거의 없었습니다. 그러나 사립학교는 한 학급에 60명을 넘지 않았고 정규 교과수업 외에도 여러 가지 특별활동을 하는 등 다양한 교육 서비스를 제공했습니다. 대신 수업료가 비쌌습니다.

누구에게나 평등해야 할 의무교육조차 사립학교라는 개인소비와 공립학교라는 집합소비로 서비스의 질은 양분되어 있습니다. 이런 현 상은 지금까지도 이어져 특목중학교, 특목고등학교 등이 본래 취지와 는 달리 점차 중상층 자녀를 위한 사립학교로 변질되고 있습니다.

재판을 받기 위해 변호사를 선임할 때도 돈이 많은 사람은 개인 변호사를 선임하고 그렇지 않은 사람은 국선 변호사 제도를 이용합 니다. 지불할 수 있는 돈이 많을수록 재판에서 이길 확률을 높여주 는 유능한 변호사를 선임할 수 있습니다. 가장 엄정해야 할 사법 절차에서도 소비의 양극화가 일어나는 것입니다.

생명과 연관된 의료 서비스, 생계가 달린 연금 서비스도 마찬가지입니다. 현재 우리나라는 국민건강보험공단을 설치해 의료 서비스를, 국민연금 제도를 운영해 연금 서비스를 전 국민을 대상으로 지원하고 있습니다. 그러나 사람들은 여기서 그치지 않고 민간보험 회사에서 판매하는 건강보험과 연금보험 등의 상품도 많이 이용합니다. 국가에서 제공하는 공공 서비스만으로는 무언가 미흡하다고 느껴서 각자 돈을 내고 민간 서비스를 이용하는 것입니다. 그러나 저소득층은 개인보험을 이용하는 비용이 부담스럽기 때문에 국가에서 제공하는 공공 서비스에 의존할 수밖에 없습니다.

1990년대에 크게 확산된 임대주택은 대표적인 집합소비 재화입니다. 임대주택이란 말 그대로 판매가 아닌 빌려주기를 목적으로 한 주택으로, 국가나 민간 건설업체가 건축해 주민에게 임대합니다. 집을 살 경제적 능력이 부족한 사람들을 대상으로 하는 주택이므로 세금을 지원해 집세를 비교적 저렴하게 유지할 수 있도록 하며, 2년에 한 번씩 재계약을 해야 하는 민간 월세나 전세 등에 비해 장기 거주가 가능합니다.

막 생길 당시 임대주택은 전체 주택 재고에서 1.5% 정도의 아주 적은 비율을 차지했습니다. 때문에 임대주택 거주자가 새로운 사회계층이 될 가능성은 희박했습니다. 한 계층을 형성하려면 사회에서 차지하는 비율이 어느 정도 있어야 하기 때문입니다. 하지만 보금자리주택이명박 정부 시행, 행복주택박근혜 정부 시행 등을 지으며 지속적으로 임대주택을 활용한 주거 서비스가 추진되고 있고, 극빈자라기보다는 '서민'

을 위한 집합소비 서비스가 확대되고 있으므로 앞으로는 새로운 사회계급을 양산할 가능성이 있습니다.

5년마다 돌아오는 대통령 선거에서 가장 중요한 이슈 중 하나가 주택 정책입니다. 최근에는 대통령마다 새로운 주거 서비스 정책을 내놓고 있습니다. 그러나 아직까지 국가에서 제공하는 집합소비 목적 서비스는 아무래도 그 질이 떨어지는 것이 사실입니다. 유럽은 19세기까지 오직 시장에서 제공하는 주거 서비스에만 의존했으나 20세기 복지국가의 개념이 대두되며 사회적 주택 양식으로 크게 바뀌었습니다. 대표적인 예가 스웨덴 등을 위시한 북유럽 복지국가, 구소련과 중국을 비롯한 사회주의 국가입니다. 본래 사회주의는 사유재산을 인정하지 않고 모든 걸 국가에서 공평하게 분배해주어야 한다는 정치사상입니다. 하지만 실질적으로 사회주의는 경제적 기능을 제대로 하지 못해 국가에 경제난을 가져왔고, 구소련은 붕괴 해체되어 러시아, 우즈베키스탄, 우크라이나, 키르기스스탄 등 여러 나라로 갈라졌습니다. 중국은 여전히 사회주의를 지향하고 있지만 경제 측면에서는 시장자본주의를 적용해 사유재산 거래, 외국과의 수출입 등을 적극적으로 시행하고 있습니다. 한편 북유럽 국가들은 사회주택 공급 및 각종 복지제도 유지에 점점 부담을 느끼고 있습니다. 사회주택을 계속 공급하기 위해서는 세금 역시 계속 투입해야 하기 때문입니다.

저소득층의 높은 슈바베지수를 낮추기 위한 방법으로 사회주택의 활성화가 거론되고 있지만, 이처럼 경제적 문제로 국가에서 사회주택을 계속적으로 공급하는 데는 어려움이 있습니다. 또한 사회주택의 공급이 활성화될 경우 그 주거의 질이 떨어질 수 있다는 것도 문제입니다. 주택의 '공급' 측면에만 초점을 맞추다 보면 주택의 질을 관리하기가 힘들어지는 것입니다.

주택을 구입할 여력이 있는 사람들은 주거 서비스의 질이 떨어지는 집단주택보다는 개인, 혹은 단독가구가 살 수 있는 주택을 선호할 것입니다. 그렇게 되면 주거 환경이 양극화되며 또 다른 사회문제로 불거질 수 있습니다. 주거 환경이 양극화되면 될수록 임대주택에 사는 사람들과 인근 민간주택 주민과의 갈등은 심해집니다.

그러나 임대주택의 서비스 질을 무조건 끌어올리는 데도 부작용이 있을 수 있습니다. 사회주택이 모든 면에서 잘 갖추어질 경우 하위계층 사람들이 더 나은 집으로 떠나려 하지 않기 때문입니다.

▦▦▦ 집의 순환은 어디서부터 막혔을까?

유럽에서는 오래전부터 공동주거(아파트)=집합소비, 단독주택=개인소비라는 등식이 성립해왔지만, 우리나라는 공동주택이 개인소비의 형태로 크게 성공한 경우입니다.

노동자용 집단 주거지로 출발한 아파트는 유럽에서는 아직 값이 저렴한 주거지라는 인식이 강합니다. 헐리웃 영화를 보아도 중산층은 교외의 타운하우스에 살고 저소득층은 아파트에 사는 장면을 자주 보여줍니다. 대개 그들은 살인이든 마약이든 무언가 범죄 혐의를 받고 있는 유색인종들이고, 낡고 허름한 아파트의 벽면은 외설적이고 폭력적인 낙서가 가득 차 독특한 분위기를 만들어냅니다.

그러나 우리나라에서 아파트는 전형적인 중산층의 주거단지입니다. 한국은 저소득층을 위한 공동주거였던 아파트가 중산층용 '희망주택'이 된 세계에서 거의 유일한 나라입니다. 그 이유는 정부에서 '필터링 프로세스'를 추진했기 때문입니다. 우리나라에서 아파트는 처음 지어질 때부터 중산층을 위한 주거단지였습니다.

필터링 프로세스는 우리말로 '주택 여과 정책'이라 옮길 수 있습니다. 중산층을 위한 양질의 주택을 지속적으로 공급하면 처음에는 기존의 중산층이 들어와 살다가 돈을 모아 더 나은 집으로 이주하고, 빈 주택에는 그 아래 계층이 이사를 들어옵니다. 아래 계층 사람들이 돈을 모아 더 나은 집으로 이사를 나가면 다시 보다 아래 계층이 이사를 들어오는 과정을 반복합니다. 이로써 나중에는 저소득층의 주거 문제를 완전히 해결할 수 있다는 이론이 바로 필터링 프로세스입니다.

한 민간 건설사에서 중대형 아파트 위주로 집을 지어 분양을 했다고 칩시다. 33평에 살던 사람이 44평으로 이사를 가면서 24평에 살던 사람이 빈 33평으로 이사를 들어왔습니다. 그리고 빈 24평짜리 집에는 원룸에서 전세를 살던 사람이 돈을 모아 이사를 들어왔습니다. 이런 과정을 반복하다 보면 전반적으로 주거 수준이 향상된다는 시나리오입니다.

필터링 프로세스는 정부가 투자를 늘려 대기업과 부유층의 부를 먼저 늘려주면 중소기업과 소비자에게 그 혜택이 돌아가 경제가 발전하고 결과적으로 국민의 경제수준이 향상된다는 '낙수효과' 이론에 기반을 두고 있습니다. 위에서 뿌린 물이 아래로 차츰 내려와 바닥까지 적신다는 뜻입니다.

지금도 많은 사람들이 기억하고 있는 중산층 아파트의 대명사 마포아파트의 크기는 14~17평 내외로 지금의 시각으로 보면 작은 아파트였습니다. 그러다가 1970년대 여의도 시범단지 아파트와 반포아파트 단지가 들어서면서 20~42평에 이르는 대형 평수 아파트를 처음 선보였고, 호화 아파트라는 여론의 호된 질타를 받아야 했습니다. 하지만 1980~1990년대 아파트는 더욱 대형화되어 분당, 일산의 신도시에는 50~60평대 아파트가 등장했고, 2000년대에는 100평 안팎의 초고층 주상복합 아파트도 나타났습니다.

그러면서 20평 이하의 소형 아파트는 점차 자취를 감추고, 대신 24평형이 가장 보편적인 소형 아파트가 되었습니다. 1960년대 마포아파트와 같은 14평짜리 방은 이제 개인용 원룸이 되었습니다. 4인 가구의 집으로 여겨졌던 24평 아파트는 이제 주로 신혼부부의 집으로 이용되고 있습니다. 이런 모습을 보면 필터링 프로세스는 타당한 이론 같아 보입니다.

하지만 실제로는 상류층을 위한 고급주택을 지속적으로 공급한다 해서 서민층의 주거 문제까지 해결되지는 않습니다. 사회의 가장 아래까지 적셔야 할 물줄기가 어느 수준에서 막혀버리고 만 것입니다.

쉬운 예로 낡은 주거지를 재개발해 아파트 단지를 지을 경우를 생각해봅시다. 재개발 구역에 살고 있는 사람들 중 새로 지은 아파트에 들어가 살 수 있는 사람은 평균적으로 전체의 30%밖에 되지 않습니다. 재개발 구역에 원래 살고 있던 사람들이라 해서 새 아파트에 공짜로 들어갈 수 있는 것은 아니기 때문입니다. 기존 주민들은 '분담금'

이라는 돈을 내야 하는데, 비록 완전히 다른 동네에서 이사해야 하는 사람들보다는 부담이 적지만 그래도 그 돈을 감당할 수가 없는 사람이 대부분입니다. 그런 사람들은 아파트에 들어가는 대신 이주보상금을 받고 이사를 가는데, 이미 여기저기 집값이 올라버렸기 때문에 원래 지내던 집보다 더 못한 집, 더 변두리인 동네로 이사를 가는 경우가 많습니다. 물이 흐르듯 바닥까지 흘러야 할 '낙수효과', 주택 여과 정책이 어느 곳에서 막힌 것입니다.

주택에서뿐만 아니라 낙수효과는 이미 여러 분야에서 그 효과를 의심받고 있습니다. 낙수효과는 1989년 미국 대통령이었던 레이건 Ronald Reagan, 1911~2004이 주창했던 경제이론입니다. 그는 '레이거노믹스'라는 슬로건을 걸고 낙수효과에 중점을 둔 경제정책을 펼쳐나갔습니다. 우리나라에서도 2008년 이명박 대통령이 낙수효과를 내세운 경제정책을 펼쳤으며 그의 슬로건을 흉내 내 'MB노믹스'라고 불렀습니다.

낙수효과를 지지하는 사람들이 주장하는 낙수효과는 '투자의 낙수효과'입니다. 부유층이 돈을 벌면 그 돈을 여러 분야에 소비하고 사회에 재투자해 일자리를 만들고 각종 경제효과를 발생시켜 아래 계층 사람들도 돈을 벌 수 있게 해준다는 논리입니다.

부유층이 돈을 더 벌 수 있도록 해주려면 대기업 등에 가해지는 규제를 완화시켜야 합니다. 더 낮은 인건비로 인력을 고용할 수 있게 해주고, 보다 여러 분야에 사업 영역을 확장시킬 수 있도록 만들어야 합니다. 실제로 규제 완화로 우리나라 대기업들은 많은 경제적 이익을 얻었습니다.

그러나 문제는 현실에서 부유층의 이익이 반드시 낙수효과로 이어지지 않는다는 것입니다. 낙수효과가 처음 주창되었던 1989년은 세계적으로 경제가 성장하던 호황기입니다. 하지만 2000년대에 들어서 세계는 대부분 저성장 시대에 돌입했으며, 따라서 이익을 보장하는 투자 분야 자체가 줄어들었습니다. 그래서 기업들은 번 돈을 재투자하기보다는 손해를 보지 않기 위해 그저 가지고 있는 쪽을 택하게 됩니다.

소비 분야로 가도 상황은 같습니다. 부유층은 이미 충분한 소비를 하고 있기 때문에 수입이 늘어난다 해서 소비를 대폭 늘리지 않습니다. 때문에 생산자들은 부유층의 소비를 이끌어내기 위해 더 고급스럽고 더 비싸며 더 새로운, 일부 상류층을 대상으로 한 상품들의 생산에 주력하게 됩니다. 부유층 대상의 상품은 가격이 높기 때문에 소량만 판매해도 중산층 이하 계층을 대상으로 한 상품 판매보다 훨씬 큰 이익을 남길 수 있기 때문입니다.

민간 기업에서 중산층 이하 계층을 위한 주택에 적극적으로 투자하지 않는 이유도 이와 같습니다. 고급주택은 계속 새로 지어지지만 정작 살 집을 구하기 힘든 계층을 위한 주택은 국가가 주도해서 짓는 임대주택, 사회주택 외에는 크게 늘어나지 않습니다. 사회주택이 아니면 고급주택만 존재하는 양극화 시장에서 재개발 등에 떠밀린 빈곤층들은 주거지를 구하기 힘들어집니다. 따라서 '소비의 낙수효과' 또한 제 기능을 하지 못하게 됩니다.

이러한 부동산 가격의 문제는 비단 우리가 생활하는 집에만 발생하는 것이 아닙니다. 가끔 장사가 잘되는 것 같아 보이는데도 문을 닫는 가게들을 보게 됩니다. 자주 가던 식당이나 카페가 모르는 사이 폐업하거나 다른 가게로 바뀌어 허탈한 발걸음을 돌려본 사람이 적지 않을 것입니다.

우리나라, 특히 서울에서는 역사가 긴 가게를 찾기가 힘듭니다. 옆나라 일본만 가도 3, 4대가 이어서 해오는 식당이 많고 유럽 역시 그 역사가 100년이 넘어가는 다양한 가게들이 있다고 하는데 왜 600년의 역사를 가진 서울에서는 '오래된' 가게를 찾기 힘들까요?

이는 서울이 새로운 건물 신축, 낡은 건물 재건축 등 건축사업, 토지개발을 중심으로 발전해온 도시라는 특징과 연관이 있습니다.

우리가 이용하는 가게들은 대부분 건물을 빌려 운영하는 곳이 대부분입니다. 가게 주인이 가게 건물의 주인이기까지 한 경우는 드뭅니다.

오래된 가게일수록 건물 자체도 오래되었을 가능성이 높습니다. 오래된 건물이 재개발 구역으로 지정되거나 건물 주인이 재건축을 하기로 마음먹으면 가게를 비워야만 합니다.

재개발 구역에 살고 있던 주민들이 보상금을 받아도 새로 지은 집이나 원래 살던 동네에 머무르기 힘든 것처럼, 가게를 운영하던 사람들 역시 보조금을 받아도 새로 지은 건물이나 원래 가게를 차렸던 동네에 머무르기가 힘듭니다. 새로 지은 건물의 임대료는 그 전보다 무척 오르게 마련이며 동네의 다른 건물들 역시 임대료가 오른 뒤이기

▶▶ 피맛골의 개발 전 모습(좌), 피맛골의 개발 후 모습(우).
조선 시대 때부터 2009년까지 유지되었던 식당 골목 피맛골. 유서 깊은 골목이었으나 도시 재
개발로 사라졌다. 음식점들은 대부분 개발 뒤 새로 지은 빌딩 안에서 영업을 계속하고 있으나,
장소가 가진 역사와 전통, 개성을 염두에 두지 않은 개발이라는 이유로 많은 비판을 받았다.
사진 ⓒ 이호준(http://sagang.blog.seoul.co.kr/144)

때문입니다.

물건을 팔 때 장소는 무척 중요한 문제입니다. 장사가 잘되던 가게
라 해도 위치를 옮기면 예전과 똑같이 장사가 잘될 것이라는 보장이
없습니다. 그래서 장소를 옮겨서도 같은 가게를 유지하기보다는 폐
업을 하거나 아예 다른 가게를 여는 경우가 생깁니다. 이런 일이 반복
되다 보니 오래된 가게가 좀처럼 남지 않습니다.

장소에 따라 임대료가 다르기 때문에 번화가일수록 물건 가격도
높아집니다. 사람이 많지 않고 외진 곳일수록 물건 가격도 낮아집니
다. '수요가 늘어나면 가격도 높아진다'는 경제 원리 때문도 있지만 임
대료가 높은 만큼 물건 가격도 높아질 수밖에 없습니다. 우리는 물건

을 살 때 물건을 만드는 데 들어가는 재료값, 그 물건을 파는 데 필요한 사람들에게 주어야 할 인건비만을 고려하기 쉽습니다. 하지만 장소에 지불하는 값 역시 생산품의 가격에 큰 영향을 미칩니다.

'지대'라는 말이 있습니다. 땅 지地 자와 대금을 뜻하는 대代 자를 합친 말로 쉽게 말해 '땅 대금'입니다. 토지 소유자가 토지의 사용자로부터 받는 금전적 대가를 가리킵니다.

농경사회에서는 많은 사람들이 지주에게서 땅을 빌려 농사를 지었습니다. 그리고 수확을 한 다음 수확물의 일부나 농산물을 팔아 얻은 화폐로 지주에게 지대를 지불했습니다. 현대사회에서는 많은 사람들이 건물 주인에게서 건물을 빌려 가게를 열거나 사무실을 엽니다. 소비자들의 눈에는 보이지 않는 돈, '임대료'가 생산품의 가격에 포함되는 것입니다.

서울의 모든 거리가 비슷비슷해진다고 한탄하는 사람들이 있습니다. 한때 아마추어 예술가들의 거리로 유명했던 홍대입구역 근방, 작고 개성 있는 가게들이 많았던 신사동 가로수길, 일제강점기 때부터 오래된 카페며 각종 문화시설이 모여 있었던 명동, 연극 공연장이 많은 혜화동 대학로, 한국 전통 예술품이나 각종 갤러리가 모여 있는 인사동 등등 다양한 골목들이 시간이 흐르며 개성을 잃고 마치 규칙처럼 똑같은 가게들의 전시장이 되고 있다는 것입니다. 대기업에서 운영하는 프랜차이즈 카페, 유명 브랜드 옷가게, 각종 통신사 대리점 등등이 그것입니다.

이는 거리가 번화하며 건물 임대료가 점점 올라가자 영세 상인들이 더 이상 가게의 임대료를 감당할 수 없어 떠나간 결과입니다. 이제 서울 번화가의 임대료는 대기업이 아니면 지불할 수 없을 정도로 상승했다는 의미이기도 합니다.

모든 번화가가 처음부터 번화가였던 것은 아닙니다. 처음에는 작은 규모의 영세 상인들이 조용한 골목에 자리를 잡습니다. 그 영세 상인들이 모여 특색 있는 하나의 거리를 형성합니다. 성공적으로 거리가 조성되면 입소문을 타고 한적하던 골목에도 사람들이 늘어납니다. 즉 '장사가 잘되는' 장소가 되는 것입니다.

이렇게 되면 이 장소를 탐내는 다른 상인들이 생기게 됩니다. 기존 시세보다 더 높은 임대료를 내고라도 가게를 내고 싶어하는 사람들이 늘어납니다. 그러면 건물 소유주는 점점 더 높은 임대료를 요구하게 되고, 처음에는 오른 임대료를 지불하고 가게를 지속하던 기존 상인들은 어느 순간 이익에 비해 지나치게 높아진 임대료를 감당하지 못하고 가게를 비우고 다른 곳으로 떠나는 것입니다. 그런 일이 반복되다 보면 결국 높은 임대료를 낼 수 있는 주체는 대기업밖에 남지 않게 됩니다. 대부분의 번화가에 비슷비슷한 아케이드 상가나 유명 브랜드의 대리점만이 들어서는 이유입니다.

도시의 땅값, 건물 임대비가 비싼 것은 전 세계적인 현상이며 서울 등 한국 대도시만의 현상은 아닙니다. 그러나 도시개발이 포화 상태에 다다른 우리나라는 도시의 개성 상실을 어느 정도 주의할 단계에 왔습니다. 경제적 이익만이 아니라 삶의 공간으로서의 도시, 색과 향을 간직한 도시를 만들어가기 위한 되돌아봄이 필요한 시점입니다.

큰 도시
작은 집

전체 국민의 60%가 아파트에서 살고 있지만 아파트에 대한 부정적인 시각은 사라지지 않고 있습니다. '토끼장 같은 집', '콘크리트 박스'라며 아파트 특유의 기계적인 구조를 비판하는 것입니다.

그런데 세상에는 그 콘크리트 박스에서 사는 것이 소원인 사람들도 있습니다. 손수건만 한 창문을 통해 하루 고작 두어 시간의 햇빛만이 찾아오는 반지하방에 사는 사람, 여름이면 찜통처럼 덥고 겨울이면 쌓인 눈에 녹슨 철제 계단마저 얼어붙는 옥탑방에 사는 사람이 그러할 것입니다.

지금 내가 엄마, 아빠, 형제와 함께 신도시의 33평 아파트에 살고 있다 하더라도 대학에 입학하거나 취직을 하거나 결혼을 하면 지금껏 살던 집을 떠나야 할 것입니다. 내가 독립해 처음 살 집이 반지하나 옥탑방일 가능성은 점점 높아지고 있습니다. '서울의 지붕 밑'은 과연 어떻게 생겼을까요?

어느 시대, 어느 사회에서나 많은 사람들이 살고 싶어 하는 '희망주택'이 있습니다. 희망주택은 양옥집일 수도 있고 전원주택일 수도 있습니다. 요즘은 한옥에서 살고 싶어 하는 사람도 많은데 이 모두는 마당이 딸린 단독주택이라는 공통점이 있습니다.

우리나라 사람들의 희망주택이 어떤 집이든 현실적으로 가장 많은 사람들이 사는 집은 아파트입니다. 그런데 아파트도 단독주택도 아닌 집에 사는 사람들이 있습니다. 바로 다가구주택입니다.

흔히 '빌라Villa'라고 부르는 이 집은 정확히 '다가구주택', '다세대주택', '연립주택'으로 나뉩니다. 하지만 사람들은 이 세 가지 집을 정확

▶▶ 빌라의 모습.

하게 구분하지 않고 뭉뚱그려 빌라라고 부릅니다. 때로 동네 어귀 전 봇대에는 빌라를 판매한다는 전단지가 붙기도 하는데 아파트와 거의 비슷하다고 선전하거나 아예 이름을 '빌라트^{빌라와 아파트의 합성어}'라 붙여 놓고 있습니다. 아파트에 살고 싶다는 소망이 간접적으로 나타난 것 이라고 볼 수 있겠습니다. 그렇다면 빌라의 정확한 명칭은 무엇이고 어떻게 만들어지게 된 것일까요?

현재 우리나라의 건축법에 의하면 주택은 크게 단독주택과 공동주 택 두 가지로 나뉩니다. 이것이 단독주택, 다중주택, 다가구주택, 다 세대주택, 연립주택, 아파트 등 여섯 가지로 세분되는데 이것을 표로 정리하면 다음과 같습니다.

이처럼 주택은 단독주택, 다중주택, 다가구주택, 다세대주택, 연립

구분	세부 구분	정의	사례
단독주택	단독주택	한 가구가 독립해 살 수 있는 구조의 주택.	단독주택, 전원주택, 한옥 등
	다중주택	여러 사람이 장기간 거주하되 독립된 주거는 아님. 연면적(건물의 각층 바닥 면적의 합계) 330제곱미터 이하, 3층 이하.	하숙집, 자취방 등
	다가구주택	여러 세대가 거주하는 집으로 19세대를 초과할 수 없음. 연면적 330제곱미터 이하, 3층 이하.	빌라
공동주택	다세대주택	공동주택. 연면적 660제곱미터 이하, 4층 이하.	빌라
	연립주택	공동주택으로 연면적 660제곱미터 초과, 4층 이하.	빌라
	아파트	5층 이상의 공동주택.	아파트
준주택	고시원, 오피스텔 등	주택 외의 건축물이되 주거용으로 사용되는 시설.	
도시형 생활주택	원룸	세대별로 독립된 주거가 가능하도록 주방, 욕실 설치. 개별면적은 12제곱미터 이상 50제곱미터 이하.	

▶▶ 주택 분류표.

주택, 아파트 등 여섯 가지로 구분되며, 준주택과 도시형 생활주택은 최근에 생겨난 개념입니다.

여섯 가지 주택 중에서 가장 앞에 위치하는 단독주택은 많은 사람들이 희망하는 이상적인 주택이며 우리가 '집'이라고 이야기할 때 가장 먼저 떠오르는 형태이기도 합니다. 맨 끝자리에 위치한 아파트는 가장 많은 사람들이 살고 있는 대중주택입니다.

왜 이렇게 많은 사람들이 아파트에 살고 있을까요? 거기에는 정책적인 이유가 있습니다. 서울은 일제강점기에서 해방된 후부터 최근까지 만성적인 주택 부족 현상을 겪어왔습니다. 이 문제를 해결하기 위해서는 집을 대량으로 지어 공급할 필요가 있었으며, 국가와 대형 건설 회사의 주도로 아파트가 꾸준히 지어졌습니다.

국가는 '주택공사^{현 LH공사의 전신}'를 통해 아파트를 지어 분양했습니다. 주택공사에서 지은 아파트를 주공아파트라 합니다. 대형 건설사들은 그들의 회사명이 그대로 붙은 아파트를 지어 분양했습니다. 6종의 주택 중 국가와 기업에서 제공한 주택은 아파트에 집중되어 있었으며, 경제 사정이 넉넉한 사람들은 굳이 아파트를 고집하기보다는 자신이 살 집을 건축가에게 의뢰하여 직접 지을 수 있었습니다. 그러다 보니 아파트는 대중을 위한 대중주택이 되었고 단독주택은 유명 건축가가 직접 설계하는 고급 주택이 되었습니다. 결국 남은 것이 4종의 주택입니다. 이 중에서 고시원, 원룸 등 다중주택이 준주택으로 따로 분류되고 남은 3종의 주택 즉 다가구·다세대·연립주택이 빌라로 불리게 된 것입니다.

여기에도 나름의 유래가 있습니다. 서울로 인구가 몰리던 1960~1970년대에는 셋방살이가 급증했습니다. 그때의 셋방살이는 개량한옥에서 문간방이나 아랫방 한 칸을 빌려 사는 형식이 많았는데, 본래 한 가구가 살도록 지어진 집의 일부만 임시로 세를 주다 보니 부엌과 화장실이 따로 마련되어 있지 않아 몹시 불편했습니다.

그래서 나중에는 양옥집으로 2층집을 지어 1층은 세를 주고 2층에 주인이 사는 경우가 늘어나기 시작했습니다. 층별로 화장실과 부엌이 따로 있으니 주인과 세입자가 같은 집에 살기는 하되 한결 독립적인 생활을 할 수 있었습니다.

이런 2층집을 조금 더 개조해 보일러실이나 주차장으로 쓰던 지하실을 방으로 개조해 세를 주거나 혹은 옥상에 방 하나를 더 들여 세를 주는 집도 늘어났습니다. 이렇게 하면 짓기는 2층집으로 지었지만 지하와 옥상에 셋방을 하나씩 더 들였기 때문에 사실상 4층 주택이 됩니다.

현행 건축법상으로 옥상과 지하에 사람이 거주하는 것은 금지되어 있습니다. 하지만 전체 방 높이 중 절반 정도가 땅 위로 올라와 있다면 지상으로 간주하기 때문에 집을 짓는 사람들은 나중에 지하 방에 세를 들일 요량으로 처음부터 지하실을 반쯤 땅 위로 올린 상태로 집을 짓습니다. 건축법상으로는 분명 지하지만 실질적으로는 지하와 지상에 반쯤 걸친 방, 이것을 편의상 '반지하'라 부르게 된 것입니다.

옥탑방도 마찬가지입니다. 원래 옥상에는 방을 만들 수 없고 다만 물탱크를 비롯한 부속시설만 둘 수 있습니다. 때문에 만들기는 물탱크를 놓을 장소라며 만들어놓고 정작 물탱크는 밖으로 빼낸 다음 그곳을 방으로 개조한 것이 흔히 말하는 옥탑방입니다. 이처럼 명목상으로는 2층 단독주택이지만 지하부터 옥탑까지 사실상 4층 주택인 집이 늘어나자 1980년대 중반에는 이런 형태의 집을 아예 제도적으로 양성화하게 되었습니다. 이것이 다가구주택입니다.

1990년대에 이를 때쯤에는 주택가 골목길 구석구석에 세를 놓는 것을 목적으로 한 다가구주택들이 들어서기 시작했습니다. 각 층, 각 세대별로 부엌과 화장실 등을 개별적으로 갖추기는 했지만 전체적으로 보자면 하나의 단독주택이었기 때문에 방을 빌려주는 것은 가능하지만 각 방을 따로따로 팔 수는 없는 집입니다. 이러한 다가구주택의 규모가 좀 더 커지면서 다세대주택과 연립주택이 되었습니다. 반지하를 포함한 4층 이하의 주택 중 연면적 660제곱미터200평 이하인 주택이 다세대주택, 600제곱미터를 넘는 주택이 연립주택으로 분류됩니다. 이들은 공동주택이기 때문에 세대별로 사고파는 것이 가능합니다.

이처럼 다가구·다세대·연립주택 등은 법적으로 명시된 엄연한 주택이지만 정작 그곳에 사는 사람들은 '빌라'라고 부르며 때로는 '빌라트' 혹은 '아트빌'처럼 빌라와 아파트의 합성어로 부르는 경우도 많았습니다. 이처럼 제대로 된 이름을 부르지 못하는 것은 그곳에 사는 것을 자랑스럽게 생각하지 못하는 풍조가 내재되어 있는지도 모릅니다. 그렇게 된 데는 국가와 사회의 책임이 컸습니다.

우리나라에서 주택을 공급하는 최대 주체인 국가와 대형 건설사는 오로지 아파트 건설에만 매진했고, 단독주택은 점차 일부 중산층이 건축가에게 직접 의뢰해 짓는 고급 주택이 되었다고 말했습니다. 이러한 틈바구니에서 이른바 '집 장사'라 불리는 개인사업자들이 지어 팔았던 주택이 바로 빌라라 통칭되는 다가구·다세대·연립주택입니다. 수요는 많고 공급은 부족한 상황에서 영세한 개인이 급히 지어 팔았던 주택이고, 그러다 보니 '날림 공사'가 적지 않았습니다. 날림 공사로 지어진 집은 그 질이 떨어졌고, 어느새 빌라는 날림집이라는 오명을 쓰게 되었습니다.

본래 빌라란 르네상스 시대 이탈리아 귀족들의 시골 별장을 의미했습니다. 르네상스 시대 이탈리아에는 무역과 금융업을 통해 큰 돈을 번 거상т商이 대두하고 있었습니다. 당시 이탈리아의 모습은 셰익스피어의 『베니스의 상인』, 『로미오와 줄리엣』 등에 묘사되어 있습니다. 셰익스피어가 영국 작가임에도 불구하고 극중 무대를 베니스, 베로나 등 이탈리아 도시로 설정한 것을 보면 당시 이탈리아가 얼마나 부유한 문화 중심지였는지를 짐작할 수 있습니다. 그때 로미오가 줄리엣을 만나기 위해 밤중에 찾아가 세레나데를 부르던 곳이 팔라초palazzo라고 불리던, 거상들이 사는 집이었습니다. 이 거상들이 도시의 혼잡을 피해 휴가를 즐기던 시골 별장이 바로 빌라였습니다. 당시 이탈리아에서 도시의 팔라초 외에 시골의 빌라를 소유했다는 것은 부의 징표였습니다. 그 단어가 20세기 한국에 상륙해 도심 골목길에 자리 잡은 다세대, 연립주택을 지칭하게 된 것입니다.

▶▶ 1457년에 지어진 팔라초 피티(Palazzo Pitti). 당시 메디치가의 라이벌 가문이었던 피티가가 메디치가보다 부와 권력이 우세함을 나타내기 위해 지은 건물이다. 그러나 후에 메디치가의 소유가 되었으며, 현재는 메디치가의 수집품을 전시하는 박물관과 갤러리로 쓰이고 있다.

사람들은 대학에 진학하거나 취직을 하거나 결혼을 하면서 부모의 집으로부터 독립을 합니다. 옛날에는 대학 진학률도 낮았으며 성인이 되어 20대 초중반이면 결혼을 하는 사람들이 많았습니다. 그렇기 때문에 부모의 집에서 살다가 곧바로 자신의 가정을 꾸려 독립하는 경우가 많았습니다.

하지만 요즘은 대부분의 사람들이 대학을 갑니다. 취직을 준비하는 기간이 길어졌습니다. 취직을 하고서도 곧바로 결혼하지 않습니다. 결혼에 드는 비용, 결혼한 뒤에 바뀐 생활에 대비하기 위한 비용이 커졌을 뿐더러 예전과는 달리 '개인의 삶'을 중시하는 사회적 문화로 인해 공동생활인 결혼 자체에 대한 고민을 하는 사람들도 많아졌기 때문입니다.

그러다 보니 부모의 집에서는 나왔지만 결혼을 하지 않은 상태, 즉 1인 가구로 생활을 하는 사람들이 늘어났습니다. 1990년에는 102만 가구였던 1인 가구는 2011년에 436만 가구로 증가했습니다. 그리고 앞으로도 꾸준히 증가할 것으로 예상됩니다.

내가 독립해서 처음 사는 집. 가족과 함께 사는 사람이라면 누구나 꿈꾸는 자신만의 집이 있을 것입니다. 텔레비전이나 잡지 등에서 보여주는 이미지는 항상 큰 창문으로 햇빛이 내리쬐며 넓은 방 안에서 여유를 만끽하는 '싱글 라이프single life'입니다.

하지만 정작 독립을 시도하려 하면 많은 청년들은 현실에 부딪힙니다. 서울 도심 한복판에서 방을 빌리는 가격이 생각보다 만만치 않기 때문입니다. 그래서 많은 젊은이들은 고시원, 원룸, 오피스텔 등지에서 첫 독립생활을 시작합니다.

고시원은 요즘 청년층의 대표적인 저렴주거입니다. 저렴주거란 말 그대로 그 주거비용이 저렴한 주거지를 뜻합니다. 기도를 하는 기도원, 단식을 하는 단식원처럼 고시원이란 고시를 준비하는 장소를 뜻했지만 이제 이곳은 고시 공부보다는 독신자가 혼자 생활하는 용도로 더 흔히 쓰이고 있습니다. 그러면서 '고시텔'이라는 신조어로 불리기도 합니다. 고시원이 고시텔이 되는 과정에는 30~40년에 걸친 사회 변화가 압축되어 있습니다.

고시원이 처음 탄생한 시기는 1970년대입니다. 현재 관악구에 있는 서울대학교는 1970년 이전까지 각 전공별 건물들이 동숭동, 연건동, 공릉동, 경기도 수원 등지에 뿔뿔이 흩어져 있었습니다. 1970년부터 관악구에 전체 대학을 모아 이전하면서 '관악캠퍼스'를 조성했고, 그러자 관악구에는 많은 수의 대학생들이 유입되었습니다. 그러면서 신림동 주변에는 고시원이 생기기 시작했습니다. 외무고시, 행정고시, 사법고시 등 고등 고시를 준비하는 수험생들이 이용하는 시설이었습니다.

당시는 고시원뿐 아니라 독서실도 유행했습니다. 독서실은 집중력을 높이기 위해 개인용 책상이 주어졌는데, 이름만 '독서'실이지 독서보다는 시험 공부를 하는 곳입니다. 1970년대만 해도 집은 좁고 식구는 많아서 중고등학생이나 대학생 자녀가 독방을 갖기가 어려웠습니다. 공부에 집중할 수 있는 공간이 필요했지만 집에는 남는 방이 없었기에 수험생들은 독서실로 향했습니다. 그러다가 독서실은 대입 시험을 준비하는 고등학생들이 주로 이용하게 되었고, 국가고시를 준비하는 대학생은 고시원을 이용하는 구도가 생겨났습니다. 개인 책상만

주어지는 독서실에 비해 캐럴carrel, 본래 수도원에 부속된 도서실에서 수도사들이 공부하던 방을 일컫던 말로, 책상 하나가 놓인 조그만 독방을 말함 형식의 고시원은 간단한 침구를 펴고 잠까지 잘 수 있었기 때문입니다.

이러한 고시원은 1980년대가 되면서 대학가 주변으로 점차 확산되기 시작했습니다. 이때부터 시험을 준비하지 않더라도 저렴한 가격에 숙소를 구하려는 사람들이 고시원을 찾았습니다. 대학가의 학생 주거지는 식사가 제공되는 하숙집과 숙소만 제공되는 자취방으로 나뉘어 있었습니다. 그런데 저렴한 식당들이 대학가 주변에 생겨나면서 잠은 고시원에서 자고 식사는 식당에서 해결하는 새로운 생활양식이 나타나게 되었습니다. 아울러 대학가뿐만 아니라 신림동이나 노량진 등 학원이 밀집해 있는 동네 주변에도 고시원이 집중적으로 생겨나 '고시촌'이라 불리면서 특유의 분위기를 형성해갔습니다. 적은 돈으로 한 끼 식사를 해결할 수 있는 식당, 컵밥과 기타 간식들을 파는 포장마차들, 여가 시간을 보낼 수 있는 만화방과 피씨방 등이 고시촌의 틈새를 메웠습니다.

90년대가 되면서 고시원은 점점 더 확산되고 고시원에서 생활하는 사람의 수도 증가하게 됩니다. 특히 1990년대 말에 외환위기, 즉 IMF 사태가 발생하며 많은 사람들이 직장을 잃었고 일자리를 구하지 못하는 청년층이 늘어났습니다. 저렴한 주거지인 고시원을 찾는 사람도 그만큼 늘어났습니다.

청년들이 장기간 실업 상태에 놓이면서 찾는 숙소, 실직이나 이혼 등으로 혼자가 된 사람이 우선 찾는 숙소, 가족으로부터 독립한 청년이 월세나 전셋집 등을 구하기 전 임시로 거처하는 숙소, 그것이 오늘날의 고시원입니다. 그리하여 2000년대에 고시원은 고시 준비가 아닌 독신자가 혼자 사는 가장 저렴한 주거시설로 성격이 완전히 변화합니다. 공부보다 거주 목적으로 찾는 사람이 많다 보니 방의 면적도 조금 넓어지고 개별 화장실이 설치되기도 합니다. 개별 화장실과 개별 주방이 붙은 고시원은 이제 더 이상 고시원이 아니었습니다. 이름도 아예 고시텔, 리빙텔, 스터디텔 등 낯선 이름으로 불리기 시작했습니다. 이렇게 이름 뒤에 '텔'자가 붙는 것은 오피스텔의 영향 때문으로 보입니다.

▦ 청년들의 첫 번째 독립, 오피스텔과 옥탑방

1990년대 문학이나 대중문화 속에 빈번히 등장하는 오피스텔의 시초는 1985년 마포구에 세워진 '성지빌딩'입니다. 오피스텔은 오피스office와 호텔hotel의 합성어로, 그 이름에서 드러나듯 사무실의 용도에 주거 기능을 더한 숙소입니다. 처음에는 집과 사무실이 분리되지 않는 직업을 가진 소호SOHO, small office home office의 줄임말로 별도의 사무실을 갖지 않고 집에서 작업하는 사람을 지칭, 혹은 밤낮이 구분되지 않는 업무 패턴을 가진 벤처* 사업가 등을 위해 지어졌습니다. 그러나 시간이 지나며 오피스텔 역시 본래 목적과 다르게 점차 주거용으로 변질되기 시작했습니다.

오피스텔이 처음 생긴 1980년대에는 사무실

* 벤처(venture)란 사업상의 모험, 위험이라는 뜻으로, 첨단 기술과 아이디어에 바탕을 둔 이제까지 없던 새로운 사업을 시작하는 일을 말한다. 새로운 사업인 만큼 성공할 경우 높은 수익을 기대할 수 있지만 앞선 성공 사례가 없기에 실패할 위험 또한 높다.

을 중심으로 한 오피스텔이 주류를 이루었습니다. 하지만 1990~2000년대에는 주거용 오피스텔이 증가하기 시작했습니다. 사무실용으로 계획된 것을 집으로 사용하다 보니 면적은 커지고 내부 구조도 거실 하나에 방 두 개가 붙은 형태가 많아지면서 때로 '아파텔아파트+오피스텔'이라 불리기도 했습니다. 뿐만 아니라 이 시기에 주상복합 아파트까지 등장하면서 오피스텔인지 아파트인지 혼란스러운 건물들도 생겨났습니다.

주상복합이란 주거시설과 상업시설이 함께 있는 건물을 말합니다. 그런데 아파트는 주거시설, 오피스텔은 상업시설에 속합니다. 그러니 한 건물 안에 아파트도 있고 오피스텔도 있는 경우, 이 집이 아파트인지 오피스텔인지 정확히 구분하기 어려운 경우가 생기는 것입니다.

이때 아파트와 오피스텔을 구분하는 지표가 되는 것이 베란다와 욕실 내 욕조입니다. 아파트는 주택으로 분류되어 화재 시 피난을 위해 의무적으로 베란다를 설치해야 하며 욕실 내에는 욕조가 있습니다. 하지만 업무시설인 오피스텔에는 베란다가 설치되어 있지 않고 욕실 내에도 세면기와 샤워시설만 있을 뿐 욕조는 없습니다. 이 두 가지를 제외하면 아파트와 오피스텔은 매우 유사한데 이는 오피스텔이 아파트의 역할을 하고 있다는 방증이기도 합니다.

오피스텔의 아파트화가 한창 두드러지던 때가 1990~2000년대입니다. 이때는 오피스텔이 아예 2~3인 가족을 위한 주거시설로 계획되기도 했습니다. 하지만 2000년대 후반이 되면서 1~2인 가구가 증가함에 따라 오피스텔은 1~2인 가구를 위한 공간으로 변화하고 있고 면적도 작아지고 있습니다.

특이한 점은 오피스텔이 원래 업무용으로 지어진 것이다 보니 종로구, 영등포구, 강남구, 마포구 등 번화한 상업 지구에 밀집해 있다는 것입니다. 아이가 있는 가정보다는 직장에 다니는 청년이 혼자 살기에 적합한 환경입니다. 그래서 오피스텔은 청년층의 '희망주택'이 되기도 했습니다.

별빛이 흐르는 다리를 건너 바람 부는 갈대숲을 지나
언제나 나를 언제나 나를 기다리던 너의 아파트

별빛이 흐르는 다리를 건너 바람 부는 갈대숲을 지나
언제나 너를 언제나 너를 기다리던 너의 오피스텔

위는 1970년대 가수 윤수일이 불러 크게 인기를 얻었던 노래 〈아파트〉의 가사 일부입니다. 아래는 1990년대 〈아파트〉를 리메이크한 디제이 디오씨(DJ DOC)의 〈오피스텔〉이라는 노래의 일부입니다.

1990년대를 배경으로 하는 영화 〈건축학개론〉은 이런 청년들의 주거 환경에 대해 많은 이야기를 담고 있습니다. 이제 막 대학에 온 남자 주인공 승민은 개량한옥으로 보이는 낡은 단독주택에서 엄마와 단둘이 살고 있습니다. 승민은 엄마에게 "아파트로 이사 가자"고 투덜대지만 승민네 가족의 경제적 사정으로는 불가능한 투정일 뿐입니다.

여자 주인공 서연은 제주도에 살다가 대학 진학을 위해 혼자 서울로 올라온 경우입니다. 처음에는 친척 집에 신세를 지지만 얼마 있지 않아 자기만의 독립 주거지를 마련합니다. 앞에서 말한 '반지하방'이

▶▶ 영화 〈건축학개론〉의 배경으로 쓰인 서촌 한옥마을. 영화에서 주인 없는 빈 한옥은 남녀 주인공의 첫사랑을 상징하는 건축물이다. (사진 출처. 영화 〈건축학개론〉)

서연의 첫 독립 주거지입니다.

　그런가 하면 승민의 열등감을 자극하는 부유한 선배는 혼자서 오피스텔에 살고 있습니다. 승민이 살고 있는 개량한옥, 서연이 사는 반지하방, 선배가 사는 오피스텔은 청년들의 경제적 계급을 보여주는 상징처럼 작용합니다. 여기서 오피스텔은 '부유한 대학생이 혼자 살고 있는 집'으로 연출되며 남자 주인공의 열등감을 자극하는 장치로 이용됩니다. 이처럼 오피스텔은 저렴주거인 동시에 청년층에게는 희망주거이기도 한 것입니다.

　반지하방, 옥탑방, 고시원, 오피스텔 이 모두는 본래 집이 아닌 곳을 집으로 개조하거나 임시로 용도를 바꾸어 사용하는 곳입니다. 이 책을 읽는 우리 역시 언제 이들 집에 살게 될지 알 수 없습니다.

▶▶ 옥탑방은 드라마와 영화 등 대중매체에서 경제적으로 풍족하지 못한 청년들의 생활 공간으로
자주 등장한다. (사진 출처. SBS 드라마 〈옥탑방 왕세자〉)

우리나라의 주택 공급은 대개 4인 가족을 대상으로 하는 아파트 위주로 계획됩니다. 우리나라 건축 기준에서는 거실 하나, 주방 겸 식당 하나에 방 세 개가 있는 85제곱미터33평의 아파트를 국민주택이라 부르고 있는데, 이는 부부와 어린 자녀로 구성된 4인 가족을 염두에 두고 계획된 집입니다. 부모가 한 방을 쓰고 자녀에게 독방을 주기 위해 총 세 개의 침실이 필요한 것입니다.

그러나 그 자녀가 자라 독립해 새로운 집을 구할 때가 오면 자신의 소득에 비해 집값이 매우 높다는 현실과 맞닥뜨리게 됩니다. 이때 당장 아파트나 단독주택을 구하기는 어렵기 때문에 우선 반지하나 옥탑방, 고시원 등을 구하게 될 것입니다. 혼자 살 때는 이런 저렴주거를 이용한다 해도 결국 결혼할 때가 오면 부모와 마찬가지로 '방'이 아닌

'집'을 구해야 합니다. 그때까지도 아파트를 구매하기는 어렵기 때문에 방 하나짜리 원룸이나 두 개짜리 투룸을 월세나 전세로 임대해 신혼살림을 시작할 것입니다. 이런 사람들의 공통점은 부모의 슬하를 떠나 주택시장에 갓 발을 내디딘 청년층이라는 것인데, 이들을 주택시장 초입자라 이름 붙입니다.

한편 지금 아파트에 살며 두 아이를 키우는 부부라 할지라도 자녀들이 모두 독립하고 나면 좀 더 작은 집으로 이사할 필요성을 느끼는 날이 옵니다. 이 시기가 되면 일을 그만두기 때문에 수입도 줄어들기 때문입니다.

이처럼 가족 규모가 줄고 퇴직한 이들을 주택시장에서 퇴장하는 이탈자라고 할 때, 우리는 청년기의 10년 정도를 주택시장 초입자로, 노년기의 20~30년 정도를 주택시장 이탈자로 살아가게 됩니다. 전체 생애를 80년 정도로 보았을 때 약 절반에 이르는 시간입니다.

지금까지 우리나라의 주택정책은 4인 가족을 기준으로 하는 아파트에 맞추어져 있었지만, 가족의 형태는 시대에 따라 계속해서 변화합니다. 교육 기간과 취업 준비 기간이 늘어나 결혼하지 않은 청년들이 많아졌습니다. 평균 수명 연장으로 노령 인구도 늘어났습니다. 1~2인 가구에게 필요한 빌라, 고시원, 오피스텔, 원룸 등 '작은 집'에 대해서도 관심을 가져야 할 때입니다.

해외여행객들이 나날이 늘고 있다고 합니다. 해외여행이라면 신혼여행, 회갑 기념 때나 가는 큰 행사였던 옛날과는 달리 요즘은 매해 휴가를 떠나는 것으로도 모자라 주말을 이용해 가까운 홍콩이나 일본에 다녀오기도 합니다.

옛날에는 자가용을 마련하는 것이 사치에 가까웠습니다. 1990년, 우리나라 인구 1천 명당 자가용을 소유한 사람은 48.4명에 불과했지만, 2009년에는 267.2명에 다다랐습니다.

이런 현상이 나타나는 이유는 옛날에 비해 사람들이 부자가 되었기 때문일까요? 그러나 정작 이렇게 해외여행을 즐기는 사람들은 '집 한 칸' 마련하지 못한 사람들이 대부분입니다. 단칸 월세방에 거점을 두고 사회생활을 시작해 한 푼 두 푼 적금을 들어 전셋집, 그 다음에는 내 집을 마련하며 인생의 계단을 차분히 밟아나가는 것이 수순이라고 생각했던 옛날, 자동차나 해외여행은 '내 집'을 산 다음 순서라고 생각하던 시절이 있었습니다. 하지만 요즘은 원룸 월세를 살면서도 비싼 외제차를 몹니다. 나이 많은 어른들이 고개를 절레절레 흔들고 "요즘 젊은 사람들은 사치스럽다"고 말하는 이유입니다. 그렇다면 우리의 소비형태는 왜 이렇게 변한 것일까요?

⚏ 빌리거나 함께 쓰거나

　집은 생활필수 재화 중에 가장 비싼 축에 듭니다. 자가용 비행기, 골동품, 성이나 상가 같은 고가 부동산 등 세상에는 집보다 더 비싼 재화들도 많지만, 살아가는 데 반드시 필요한 생활필수 재화 중에서는 집이 가장 비쌀 것입니다. 누구나 집이 없으면 거리를 전전할 수밖에 없습니다.

　2014년 기준으로 서울 시내의 집값은 아파트를 기준으로 3.3제곱미터당 1천만 원을 넘어선지 오래입니다. 국민주택 규모인 85제곱미터 아파트 한 채를 사려면 적게 잡아도 3억~4억 원이 필요합니다. 1백만~3백만 원 사이의 월급을 받다 보면 1년에 천만 원을 저축하는 것도 쉬운 일이 아닌데 꼬박 30~40년을 저축해야 아파트 한 채를 살 수 있는 것입니다. 그렇다고 집 없이 살 수도 없으니 어려운 문제입니다.

　소유는 인간의 기본적인 욕망입니다. 배가 고프면 먹고 싶고 피곤하면 쉬고 싶습니다. 마찬가지로 내게 필요한 물건을 보면 갖고 싶다는 생각이 들게 마련입니다. 그렇다면 필요하고 가지고 싶지만 소유가 불가능한 재화는 어떻게 이용해야 할까요?

　가장 먼저 나타나는 소비형태는 소유하는 대신 빌려서 사용하는 '임대'입니다. 내일 중요한 행사가 있어 동영상을 찍기 위한 비디오카메라가 필요하다고 칩시다. 하지만 행사 한 번을 위해 구매하기에는 너무 비싸다는 생각이 든다면 누군가에게 빌려 사용하고자 할 것입니다. 마찬가지로 집도 구매하기에는 너무 비싸기 때문에 빌려 사용하는 형태가 두루 나타납니다.

▶▶ 싱가포르에 있는 콘도미니엄. 콘도미니엄은 별장의 역할을 하기 때문에 주로 휴양지나 경치가 좋은 교외에 건설된다.

　　임대도 여의치 않을 때 나타나는 변형 소비형태는 '공유'입니다. 혼자 사기에는 비싼 물건을 여럿이 돈을 모아 구매한 다음 공동으로 사용하는 방식입니다. 1980~1990년대에 콘도미니엄이라는 주택이 크게 유행했습니다. 줄여서 '콘도'라고 부르는 이 주택은, 휴양지 등에 관광객들이 숙박과 취사를 할 수 있도록 지은 건물입니다. 이를 객실 단위로 사람들에게 분양하고, 객실을 구매한 사람들은 자기가 객실을 사용하지 않는 기간 동안 다른 사람들에게 빌려주도록 관리 회사에 운영을 위탁해 그 수입의 일부를 나누어 받습니다.

　　1980년대는 경제가 급격히 성장하며 승용차가 보편화되고 여가 문화가 발달하던 때였습니다. 이미 1960~1970년대에 부유층 사이에서는 개인 별장이 유행하고 있었는데, 콘도미니엄은 부유층의 별장을 모방하는 과정에서 나타났습니다. 여러 세대가 회원제로 별장 하나를 공동 소유해 1년 중 며칠을 교대로 사용하는 형식입니다. 혼자서 별장 한 채를 사려면 너무 비싸지만, 열 명이 공동으로 사면 1/10 가격으로 살 수 있습니다. 별장은 1년 내내 사용하는 것이 아니니 공동으로 구매하기에 안성맞춤이었습니다. 그리하여 이름조차 집을 의미하는 라틴어 dom에 '함께', '공유'라는 의미를 가진 con을 합성해 콘도미니엄condominium이 되었습니다.

공유도 불가능할 때 일어나는 세 번째 소비형태가 전용轉用입니다. 재화를 본래의 목적과 다르게 사용하는 것으로, 집이 아닌 것을 집으로 사용하는 경우입니다.

일제강점기에 '하꼬방'이라는 것이 있었습니다. 상자를 의미하는 일본어 '하꼬'에 우리말 '방'을 합성한 말인데, 나무 상자로 얼기설기 만든 집을 뜻합니다. 전쟁 중에는 미군들이 사용하던 골판지 종이 상자에 비닐 천막을 덮어 만든 종이 상자집도 있었습니다.

지금도 비닐하우스에서 살아가는 사람들이 있습니다. 본래는 농작물을 키우는 시설이지만 바닥에 깔개를 깔고 지붕 위에 덮개를 덮어 집으로 사용하는 것입니다.

우리나라보다 자동차 문화가 훨씬 보편화된 미국에서는 트럭이나 버스를 개조하여 집으로 삼는 사람들도 있습니다. 이들을 낭만적으로 보거나 독특한 삶의 방식을 추구하는 사람들이라 생각할 수도 있지만, 대부분은 집값이 비싸 저렴한 자동차를 집으로 개조하여 살아가는 경우입니다. 홍콩과 말레이시아 등 수상도시에서는 배를 집 삼아 살아가는 사람도 있습니다. 특히 빈부격차가 심한 홍콩에서는 부자들의 고급 요트와 가난한 사람들의 돛단배가 같은 바다 위에 나란히 떠 있어 묘한 대조를 이루기도 합니다.

따지고 보면 고시원이나 오피스텔 역시 전용의 사례로 볼 수 있습니다. 고시원의 본래 목적은 주거시설이 아니라 공부를 하는 곳이며, 오피스텔은 주택 분류상 집이 아닌 업무용 시설이기 때문입니다. 상자든 비닐하우스든 자동차든 본래는 집이 아닌 것을 집으로 사용하는 형태를 전용이라 하며, 소유나 임대조차 불가능할 때 발생하는 소비형태라 하겠습니다.

주거비용이 버거워 전용 주택에서 월세를 내며 살아가는 이들이 맛있는 음식에는 돈을 아끼지 않고, 외제 자동차나 해외명품을 구매하고, 해외여행에 열중하는 현상이 기이해 보일 수 있습니다. 그러나 이런 현상이 나타나는 이유는 역설적으로 주거비용에 비해 사람들의 소득이 낮기 때문입니다. 아무리 노력해도 주거비용을 마련하기 힘들다면 소득을 주거비용에 투자하기를 아예 포기하고 대신 다른 부분에 소비를 하며 삶의 즐거움이나 가치를 찾는 것입니다. 때문에 최근 젊은 세대들을 중심으로 일어나는 이런 소비형태는 대체소비라고 볼 수 있습니다.

주택가 골목길에 왜 카페가 생겼을까?

요즘 부쩍 늘어난 가게가 카페입니다. 사람들이 많이 오가고 만나는 도심지 대로변의 카페는 편의점만큼이나 많은 사람들이 이용하겠지만, 최근에는 좁은 주택가 골목길에까지 카페들이 자리 잡고 있습니다. 우리나라 사람들이 커피를 부쩍 많이 마시게 되었기 때문일까요?

이유는 여러 가지가 있습니다. 커피 수요층 자체가 늘어난 점, 커피 애호가들 중에서도 커피 전문점의 값비싼 커피보다는 동네 카페의 저렴한 커피를 선호하는 사람들이 생겨나고 있는 점, 취업난에 시달리는 청년층과 은퇴한 장년층의 사업으로 카페 운영이 인기를 얻고 있는 점 등입니다.

그리고 또 중요한 이유 하나가 있습니다. 바로 '건축적'인 이유입니다. 카페가 인기를 얻는 이유가 열악한 주거 환경 때문이라면? 무슨 말인지 언뜻 이해가 가지 않을지도 모릅니다.

카페의 출발 지점을 찾기 위해서는 제국주의 시절의 영국과 프랑스로 거슬러 올라가야 합니다. 귀족들의 주택에서 가장 중요한 방은 식당과 응접실프랑스에서는 살롱salon, 영국에서는 팔러parlor이었습니다. 정기적으로 손님을 초대하고 답례 방문을 하는 일은 귀족들의 매우 중요한 업무였습니다. 따라서 손님을 접대할 식당과 응접실은 반드시 갖추어야 할 공간이자 가장 정성 들여 꾸미는 방이기도 했습니다.

그런데 18세기 식민지 개척으로 국가의 부가 증가하면서 신흥 중산층이 성장하기 시작했습니다. 이들은 부를 과시하기 위해 귀족 주택을 모방해 집을 지었고, 식당과 응접실 역시 마련했습니다. 하지만 전통적으로 집에서의 손님 응대가 중요한 업무인 귀족들과는 생활 문화가 달랐던 신흥 중산층들은 집에서 손님을 만날 뿐 아니라 외부의 레스토랑과 카페도 자주 이용했습니다. 무엇보다 레스토랑과 카페는 영국 식민지인 인도에서 생산된 홍차, 프랑스 식민지인 베트남에서 생산된 커

❶ 17~18세기 유럽에서 카페는 지식인과 예술가들이 토론을 나누는 사교의 장이기도 했다.

❷ 근대 이후 우리나라에도 '다방'이 생겨나 문화 공간의 기능을 했다. 시인 이상이 직접 문을 연 청진동의 제비다방은 문인들이 모여 활동하는 장소가 되었다. 사진 왼쪽부터 이상, 소설가 박태원, 시인 김소운.

피의 소비시장이기도 했습니다.

그 후 19세기에 산업혁명이 일어나면서 노동자라는 새로운 사회계층이 등장했습니다. 시골의 가난한 농부 출신인 이들은 공장에 취직하기 위해 무작정 도시로 상경했기 때문에 주거 환경을 제대로 갖출 수 없었습니다. 대여섯 명의 아이가 딸린 대가족이 단칸방에서 생활하는 것이 예사였습니다. 영국 정부가 급히 노동자주택을 지어 보급했지만 부엌 겸 거실 하나에 침실 두 개로 이루어진 작은 주택이 고작이었습니다. 이런 환경에서 집 밖에서 일을 해 가정을 경제적으로 부양하는 성인 남성, 즉 아버지나 장성한 아들이 가족들을 피해 시간을 보내는 장소로서 펍pub, 술·음료·간단한 음식을 파는 대중적인 술집과 카페가 유행하게 되었습니다. 낮은 가격으로 술이나 음료를 마시며 퇴근 후의 시간을 보내기에 알맞은 장소였습니다.

그렇게 20세기 초반이 되면서 파리에는 약 50만 개의 카페가 생겨났습니다. 이는 인구 100명당 하나에 해당하는 수치로, 카페가 더 이상 중산층 문화가 아닌 서민 문화이자 노동자 문화가 되었다는 증거였습니다. 실제로 카페는 파리와 런던보다 인근의 공업도시에서 더 성행했습니다. 도시다운 문화시설이 전혀 없는 신흥 공업도시에는 인구 50명당 카페 하나가 있을 정도였습니다. 이처럼 19세기 말과 20세기에 생겨난 카페는 열악한 주거 환경이 빚어낸 노동자 문화였습니다.

오늘날 사람들의 업무 형태는 다양해졌지만 노동자들이 카페에서 자투리 시간을 보내는 양상은 변하지 않았습니다. 지금도 파리 시내에 즐비한 카페를 들여다보면 낭만보다는 고단한 노동자의 일상이 엿보입니다. 샌드위치에 커피 한 잔을 곁들여 점심을 때우거나 특별한

▶▶ 파리 시내에서 흔히 볼 수 있는 길거리 카페의 모습이다.
1층에 카페가 있고 2층부터 아파르트망이 있는 7층 건물인 경우가 많다.

소일거리조차 없이 거리를 향해 앉아서 지나가는 사람을 바라보며 시간을 보내는 사람들이 대부분입니다. 그리고 이 모습은 어느새 우리의 대도시에서도 익숙한 풍경이 되어가고 있습니다.

최근 우리 주변 풍경을 살펴보면 대학가의 생활도로는 물론 주택가의 골목길에도 어김없이 조그만 카페가 들어서 있습니다. 이용자는 주로 혼자 앉아 책을 보거나 인터넷 서핑을 하는 사람들, 공부 중인 학생들입니다. 때로 서너 명의 주부가 모여 앉아 수다를 떠는 자리도 있습니다.

예전 같으면 집에서 했을 일을 굳이 집 밖으로 나와 카페에서 하는 이유는 점점 열악하고 협소해지는 주택 문제의 영향이 큽니다. 4~5인 가구가 일반적이었던 과거와 달리 현재는 1~2인 가구가 과반을 차지하면서 가구당 주택 면적이 차츰 작아지고 있습니다. 특히 20~30대 청년들이 혼자 사는 비율이 높은데, 주거 환경 역시 이들이 가장 열악합니다.

좁고 답답한 곳에서 혼자 살다 보니 하루 중 잠시 동안이라도 햇빛이 잘 드는 넓고 쾌적한 곳에서, 비록 혼자 차를 마시고 책을 읽는 사소한 일일지라도 사람들과 어울려 함께하고 싶어집니다. 그것이 바로 곳곳에 카페가 생기고 있는 이유입니다. 카페는 커피와 각종 음료, 간식을 파는 음식점 같아 보이지만 동시에 공간을 임대하고 있습니다. 유럽의 노동자 문화에서 파생된 카페가 한국에서도 사람들의 고단함을 달래주고 있는 것입니다.

19세기 프랑스는 제국주의의 물결을 타고 식민지를 만들어 국가의 전체 소득이 크게 증가했습니다. 부유해진 프랑스의 수도 파리는 거대한 소비도시가 되어갔습니다.

인도·베트남·아프리카 등의 식민지에서 면화·아마·실크 등 값싼 원자재들이 생산되었습니다. 옷감이 넘치고 쌓이기 시작했습니다. 산업혁명으로 인해 방적기, 방직기가 개발되어 옷감의 가공기술이 발달하고 옷을 만드는 속도도 빨라졌습니다.

이런 환경에서 의복의 빠른 소비를 촉진하기 위해 패션의 유행이 탄생했습니다. 과거와 같이 한 벌을 장만해 그 옷이 낡을 때까지 입는 것이 아니라, 유행이 지났기 때문에 1년마다 새 옷을 맞춰 입어야하는 상황이 발생한 것입니다. 과잉 생산된 옷감의 소비를 촉진하기 위해서였습니다.

물론 패션 유행은 그 이전에도 있었습니다. 그러나 어디까지나 원하는 대로 옷을 만들어 입을 수 있는 귀족들에게 한정되었습니다. 옷감도 비싸고 집안의 여자들이 직접 옷을 만들어야 했기에, 서민들에게 새 옷이란 크게 마음먹고 한 벌씩 장만하는 것이었습니다. 하지만 산업혁명 이후로 옷은 누구나 옷가게에서 간편하게 살 수 있는 물건이 되었습니다.

소비를 촉진시키고 유행을 주도하기 위한 장소가 필요해지면서 백화점이 탄생했습니다. 백화점이 생기면서 양재사, 점원, 하녀 등 소소한 일자리들이 늘어났습니다. 산업혁명 이전까지 무언가를 만드는 일은 주로 남성들이 장인 밑에서 도제 형식으로 배우는 형태가 일반적이었습니다. 하지만 파리가 소비도시로 성장해 일자리가 늘어나고 젊은 여성들이 고용되기 시작하면서 파리의 인구는 큰 폭으로 늘어났습니다.

새롭게 유입된 사람들에게 빌려주기 위해 파리에는 값싼 셋방이 생겨났습니다. 이들의 방은 주로 집 가장 꼭대기 층인 6, 7층에 있는 다락방이었습니다. 박공지붕 아래에는 빈 공간이 생기게 되는데, 유럽에서는 그 공간을 주로 다락방으로 활용했습니다. 이 다락방이 젊고 가난한 학생, 노동자, 예술가들의 집으로 사용되었습니다.

'파리의 지붕 밑'이라는 말이 있습니다. 1930년에 만들어진 영화 〈파리의 지붕 밑〉의 제목이기도 하며 지금도 파리의 낭만을 표현할 때 흔히 쓰이는 이 말은 알고 보면 시골에서 갓 상경한 젊은이들이 살던 다락방을 가리키는 것입니다. 낮에는 백화점이나 의상실, 각종 가게에서 점원으로 일하던 청년들은 퇴근 후 지붕 밑 방으로 돌아가기 전에 카페에서 잠깐의 여유 시간을 보냈습니다. 커피 한 잔을 시켜놓고 샹젤리제 거리를 지나는 화려한 마차를 보며 시간을 때웠습니다.

당시 파리 여성들은 새로 유행하는 양산과 모자에 열을 올리고 있었고, 남자들은 말과 마차에 열광했습니다. 오늘날 날아갈 듯한 스포츠카, 중후한 세단, 2인승 소형 자동차 등 여러 종류의 자동차가 있는 것처럼, 당시의 마차 역시 젊은이들이 주로 타는 날렵한 2인승 마차, 부유한 귀족들이 타는 중후한 6인승 마차 등 여러 종류가 있었습니다. 현대에 자동차보다 오토바이를 선호하는 젊은이들이 있듯이 19세기에는 마차보다 경주마에 열광하는 청년들도 적지 않았습니다.

❶ 영화 〈파리의 지붕 밑〉에 나타난 파리의 주택가.
❷ 프랑스 화가 구스타브 카유보트(Gustave Caillebotte, 1848~1894)가 그린 눈 오는 파리
　의 지붕 풍경. 지붕 아래 다락방 창이 나 있는 것이 보인다.

이러한 19세기 파리의 모습을 담은 모파상의 단편 소설 「승마」에는 말과 마차가 파리 남성들의 마음을 얼마나 사로잡았는지 나타나 있습니다. 가난한 하위 공무원이던 주인공은 어느 날 갑자기 생각지도 못한 돈이 생기자 곧바로 말과 마차를 빌려 샹젤리제 거리를 산책하기로 합니다. 평소에 그는 일요일이면 가장 좋은 옷을 입고 아내와 두 딸과 함께 성당 예배를 마친 뒤 샹젤리제 거리를 산책했습니다. 지나가는 마차를 이리저리 피하며 걸어서 산책을 하는 처지가 자못 억울했던 그는, 그날 아내와 딸들을 위한 마차 한 대를 빌리고 자신을 위해서는 말 한 마리를 따로 빌립니다. 힘세고 날렵한 말인 만큼 사납기 때문에 조심하라는 마부의 말을 무시한 채 주인공은 거칠게 말을 몰다가 실수로 노파를 치고 맙니다. 주인공은 홀로 사는 가난한 노파를 요양병원에 보내게 되는데, 매달 들어가는 노파의 병원비를 감당할 수 없어 마침내 다락방에 살던 하녀를 내보내고 그 방에 노파를 들입니다. 집안 살림살이가 기울어 아내가 직접 부엌일을 하게 되는 것으로 소설은 끝납니다. 읽다 보면 19세기 프랑스나 지금의 우리나라나 사람 사는 모습은 별반 다르지 않다고 생각하게 됩니다.

끊임없이 백화점에 가서 유행하는 새 옷을 사고, 말과 마차 등 탈것에 열광하는 사람들의 모습, 가게 점원과 하녀 등 소득이 낮은 청년들이 좁은 다락방에 돌아가기가 싫어 큰 용건 없이 카페에서 시간을 보내는 모습은 낯설지 않습니다. 예나 지금이나 그 이면에는 '집값'이라는 현실이 버티고 있습니다.

값싸지만 위험하다? 패스트 하우징

  의식주로 묶여 불리는 옷, 밥, 집은 서로가 매우 긴밀하게 맞물려 있습니다. 사람들의 식생활에 완전히 자리 잡은 패스트푸드는 몇 년 전부터 그 위험성이 제기되어왔습니다. 패스트푸드점에는 전문 요리사가 없습니다. 음식을 매장의 주방이 아닌 공장에서 만들기 때문입니다. 모든 재료들이 공장에서 반조리·가공되어 배달되기 때문에 매장에서는 굽고 데우는 등 간단한 조리만 하면 되고, 그래서 임금이 높은 전문 요리사 대신 임금이 낮은 아르바이트만으로 가게를 운영합니다.

  패스트푸드가 탄생한 데는 자동차의 대중화 시대를 열었던 포드 자동차의 컨베이어 벨트 시스템*이 큰 역할을 했습니다. 음식 역시 자동차처럼, 조리가 아닌 조립의 공정으로 만들겠다는 발상에서 패스트푸드가 만들어졌기 때문입니다.

  패스트푸드는 빠른 시간 안에 저렴한 가격으로 한 끼를 해결할 수 있다는 장점이 있지만, 신선도가 떨어지고 각종 합성 재료가 이용되는 가공식품의 비율이 높다는 점, 열량이 지나치게 높다는 점, 설거지 비용을 줄이기 위해 일회용 용기를 사용해 환경을 악화시킨다는 단점들 때문에 '정크 푸드junk food'라고도 불립니다. .

  옷 중에도 '패스트 패션'이라 불리는 옷들이 있습니다. 본사에서는 디자인만 하고, 실제 제작은 저개발국가의 값싼 노동력에 의존해 저렴한 가격, 빠른 속도로 만들어내는 옷

*
컨베이어 벨트란 일정한 거리를 일정한 속도로 움직이는 자동 운반 장치이다. 1913년 헨리 포드가 자동차 제작을 위해 선보였다. 컨베이어 벨트 발명은 이전과 비교할 수 없는 속도로 대량 생산을 가능하게 만들어 자동차 산업에 혁명을 일으켰다. 움직이는 컨베이어 벨트 앞에 노동자를 배치하고, 제품에 들어가는 부품들을 조립하게 한 포드의 아이디어는 지금까지도 여러 공장에서 표준 방식으로 쓰이고 있다.

입니다. 빨리 많이 파는 박리다매가 목적이기 때문에 금방금방 새로운 디자인이 나옵니다. 패스트 패션이 일반화되면서 옷이란 한 계절만 입고 버리는 물건, 기분에 따라 서너 번만 입고 버리는 물건이 되어가고 있습니다. 최근에는 인터넷 쇼핑몰을 통한 의류 구매도 활발한데, 사진만 보고 주문했다가 제품을 받아보고 마음에 들지 않으면 반송이 귀찮아 그냥 버리는 경우도 적지 않습니다. 어제 산 새 옷을 '다시 보니 마음에 들지 않는다'는 이유로 버리는 경우마저 있습니다. 이런 옷들은 값싼 합성섬유로 만들어지기 때문에 버려질 경우 썩지 않고 태우거나 묻기에도 여의치 않아 환경오염의 원인이 되고 있습니다.

그런데 옷과 음식에 이어 집의 세계에도 이 '패스트' 형제가 등장했으니 바로 패스트 하우징입니다. 패스트 하우징은 말 그대로 비교적 저렴한 가격으로 빠른 시간 안에 지을 수 있는 주택을 말합니다. 보통은 집을 짓자면 벽돌을 쌓거나 콘크리트로 지어야 합니다. 시간도 오래 걸리고 건축비도 비쌉니다.

이에 대한 대안으로 집을 현장에서 직접 짓는 것이 아니라 공장에서 미리 벽체를 만들어놓고 현장에서는 그것을 조립만 하면 되는 형식의 집이 나타났습니다. 이런 집을 패스트 하우징이라고 합니다.

패스트 하우징은 높은 집값에 대한 대안으로 시작되었습니다. 과도한 금액을 투자해 도심의 아파트를 사느니 그 돈으로 전원에 땅을 사서 직접 집을 짓겠다는 사람들이 생겨난 것입니다.

그런데 막상 개인이 집을 지으려면 비용이 많이 들고, 무엇을 어떻게 해야 할지 쉽게 엄두가 나지 않습니다. 그래서 비교적 저렴한 가격에 간단하게 지을 수 있는 조립식 주택이 유행하게 되었습니다. 이를 모듈러modular 주택이라고도 하는데, 20여 년 전 일본에서 그 유행이 시작되었습니다. 일본에서는 프리패브리케이션prefabrication 주택, 일명 프리패브 주택이라는 이름으로 불리고 있습니다.

보통은 집을 지을 때 벽을 올리면서 그 사이에 출입문과 창문을 만들어 넣습니다. 요즘은 출입문과 창문이 붙어 있는 벽체를 공장에서 미리 만들어놓고, 그 벽체 네 개를 현장에서 조립하는 방법을 많이 이용합니다.

그렇다면 아예 방 하나를 미리 공장에서 완성해둘 수 있다면? 그래서 방과 거실, 주방, 욕실을 현장에서 조립할 수 있다면 집을 짓기 더욱 손쉬울 것입니다. 조립식 주택의 기본 원리는 레고 블록을 쌓듯이 자신이 원하는 형태의 집을 만드는 것입니다. 이때 방, 거실, 주방, 욕실 등이 서로 조립되려면 각자의 규격 즉 모듈module이 맞아야 합니다. 조립식 주택을 모듈러 주택이라 부르는 이유입니다.

조립식 주택은 주요 구조부인 철제 프레임, 단열재, 주방과 욕실 등 물을 사용하는 공간, 전기 설비 및 수납장 등 주택의 주요 부분을 공장에서 80~90% 정도 미리 제작해 현장에서 조립해 완성합니다. 소형 주택인 경우에는 아예 집을 통째로 만들어 트럭으로 운반해 설치하기도 합니다. 주택을 '짓는다'기보다는 조립하는 형태라 '조립식 주택'이라고 부르는 것입니다.

사실 이러한 건물은 예전부터 이용되었습니다. '컨테이너 하우스'라 하여 공사 현장의 임시 숙소, 단기간에 이루어지는 대형 행사장, 전시장 등 임시로 쓰이던 건물입니다. 그런데 요즘은 이런 패스트 하우징을 일반 주택으로 사용하는 경우가 많아지고 있습니다. 일견 쉽고 간단하게 작은 주택 한 채를 마련할 수 있는 것처럼 보이지만, 여기에는 또 다른 얼굴이 숨어 있습니다.

시간과 가격의 절감만을 앞세운 패스트푸드가 건강에 좋지 않다는 것은 누구나 아는 사실입니다. 값싼 재료로 급히 지은 집에도 단점이 있습니다. 집을 짓는 재료로 가장 많이 사용하는 벽돌이나 콘크리트는 그 주원료가 흙이기 때문에 여름에 시원하고 겨울에 따뜻합니다. 불에도 쉽게 타지 않습니다. 하지만 조립식 주택의 재료로 흔히 쓰이는 경량 목재나 철제 패널들은 단열과 차열 성능이 콘크리트보다 못하기 때문에 여름의 열기와 겨울의 냉기가 그대로 전해지며, 불이 났을때 옮겨 붙기 쉽습니다.

패스트 패션은 옷값이 저렴하기 때문에 몇 번 입지 않고 금방 버려집니다. 쉽게 사고 쉽게 버리니 자원을 낭비하고 쓰레기를 발생시켜 지구 환경을 해치는 원인이 됩니다. 패스트 하우징도 마찬가지입니다. 건축 비용도 저렴하고 건축 시간이 절감되며 철거와 해체도 쉽다는 장점이 있지만, 이것이 오히려 단점이 되고 있는 것입니다.

옷이 비싸던 시절에는 한 벌을 장만하면 몇 년을 두고 아껴 입었듯이, 예전의 집들은 건축 비용이 비쌌기 때문에 집 한 채를 지으면 길면 50~60년, 짧아도 20~30년은 거뜬히 살았고 낡으면 수리를 해서 살았습니다. 그런데 가벼운 재료로 지어진 패스트 하우징의 내구연한은 그리 길지 못해 길어야 10~20년 정도입니다. 그러니 살다가 싫증이 나면 아예 집을 허물고 새로 짓는 경우가 늘고 있습니다.

오랫동안 원룸이나 오피스텔에서 살다가 처음으로 아파트로 이사를 들어간다고 칩시다. 이때 사람들은 대개 아파트 내부 인테리어를 새로 꾸밉니다. 내 집을 마련한 경우도 그렇습니다. 누구나 새 집을 살 수 있는 것은 아니기에 오래된 집을 샀다면 인테리어 공사를 깨끗하게 해 집 내부만이라도 새 집처럼 꾸민 다음 이사를 합니다.

이는 자신의 취향에 맞지 않거나 오래된 집을 수리하여 사용하는 예가 되겠습니다. 마치 옷값이 비싸던 시절, 부모님이나 손위형제에게 물려받은 옷을 수선해 입는 것과 비슷한 일일 것입니다.

그런데 집의 내구연한이 짧고 건축 비용이 상대적으로 저렴하다면? 수리하는 대신 아예 철거하고 새로 짓는 경우가 많아집니다. 집 전체의 인테리어를 새로 꾸미는 비용은 만만치 않습니다. 조립식 주택이나 컨테이너 집을 새로 짓는 비용이 인테리어 공사 비용보다 저렴할 수도 있습니다. 많은 사람들이 패스트 하우징을 선택하는 이유가 여기에 있습니다.

그런데 새 집을 지으려면 기존의 집을 철거·해체해야 합니다. 그 과정에서 막대한 양의 건축 폐기물이 발생합니다. 집 한 채를 50년 만에 새로 짓는다고 하면 건축 폐기물도 50년에 한 번 나오지만, 5년마다 집을 새로 짓는다면 5년에 한 번씩 폐기물이 나옵니다. 우리나라는 이러한 건축 폐기물을 인근 해역에 매립하고 있는데, 패스트 하우징의 확산으로 건축 폐기물이 많이 나온다는 것은 마땅한 처리 대안이 나오지 않는 이상 심각한 문제가 아닐 수 없습니다.

패스트푸드와 패스트 패션에 대한 위험성은 이제 많은 사람들이 문제시하고 있지만 아직까지 패스트 하우징에 대한 문제점은 크게 제기되고 있지 않습니다. 아직까지 주택은 그 가격이 비싼 재화이기 때문에 위험성보다는 '빠른 시간 안에 저렴한 가격으로 쉽게 지을 수 있는' 측면을 더 중요시하기 때문이기도 하고, 패스트 하우징이 아직 옷이나 음식 문화처럼 널리 퍼지지 않아 폐기물 문제가 가시적일 정도의 위험성을 가지지 않고 있기 때문이기도 합니다.

그러나 패스트 하우징을 이용하는 사람들이 점점 늘어나고 있습니다. 이제 내가 살 집을 어떻게 지을 것인지 결정할 때, '살고 있을 때' 뿐만 아니라 '살고 난 후'까지를 고려하는 태도가 필요한 시대입니다.

2부

집 밖으로
나가다

하늘 위의 신,
빛으로 지상에 내려오다

빛의 건축

석굴암에서 보는 해돋이는 장관이라고 정평이 나 있습니다. 그 장면을 보기 위해 해도 뜨지 않은 새벽에 토함산을 오르는 사람들이 많습니다. 올라갈 때는 고생스럽지만 일단 석굴암에 도착하면 눈앞에 펼쳐지는 놀라운 광경 때문에 고생을 잊어버린다고 합니다. 바다도 구름도 모두 붉은 가운데 해가 떠오르는 광경에 압도되기 때문입니다.

해가 떠오르기 시작하면 석굴암 안에 앉아 있는 부처님의 미간이 밝게 빛나기 시작합니다. 석굴암 본존불상은 정확히 동쪽을 향하고 있기 때문에 해가 떠오르면 그 빛이 가장 먼저 부처의 얼굴을 비춥니다. 그 장면을 보는 순간 누구라도 절로 합장을 한 채 고개를 숙이게 된다고 합니다. 사실 석굴암의 본존뿐 아니라 모든 사찰의 대웅전은 동쪽을 향하고 있어서, 해가 떠오르는 순간 부처의 얼굴을 가장 먼저 비추도록 장치되어 있습니다.

석굴암과 같은 종교적 건축물은 세계 곳곳에 있습니다. 사찰, 교회, 모스크, 기타 종교의 예배당까지 종교의 종류만큼이나 건물의 종류도 다양합니다. 그러나 모든 종교 건축물에는 공통된 특징이 있습니다. 그 장소에 들어온 사람의 마음을 편안하게 하고 신성한 기분에 잠겨들게 한다는 것입니다. 이를 '신의 힘'이라고 말하기도 하지만, 사실 종교 건축물에서 느껴지는 신성함은 건축가들의 치밀한 장치에 의해 작동되고 있는 부분도 많답니다. 어떤 것들이 있을까요?

세계에는 많은 종교가 있지만 그중 기독교와 불교, 이슬람교 정도
가 대표적 종교로 손꼽힙니다. 각 종교에는 차이점도 많고 공통점도
많습니다.

공통점은 신을 눈에 보이지 않는 거대한 영적인 힘이라고 생각한다
는 것입니다. 때로 신이 인간이나 동물 등의 모습으로 나타나기도 한
다고 말하지만 그것은 일시적 현신일 뿐이며, 신의 본모습이 아니라
고 합니다. 대부분의 사람들은 신의 본모습을 볼 수 없기 때문에 사
람들은 각자 생각하는 신의 모습을 그려냅니다. 이때 신은 그 신성함
을 강조하기 위해 눈부신 빛으로 표현됩니다. 신을 그린 성화에서는
신이나 성인의 머리 위에 동그랗게 빛을 그려넣습니다. 신성함을 나타

▶▶ 1685년에 러시아 화가 시몬 우샤코프(Simon Ushakov, 1626~1686)가 그린〈최후의 만찬〉.
식탁에 둘러앉은 예수와 제자들 머리 위로 금색의 빛을 그려넣었다. 후광이 표현되지 않은 사람
은 예수를 배반한 유다이다.

▶▶ 기원전 1~2세기에 만들어진 것으로 추측되는 불상. 머리 뒤에 조각된 동그라미는 신성한 빛을 나타낸다.

내는 후광입니다.

따라서 사찰, 교회, 성당 등 종교 건축에서는 빛을 드라마틱하게 디자인해 신이 존재하는 것처럼 느끼게 만드는 것이 중요합니다. 그러기 위해서는 밋밋하고 단조로운 한낮의 햇빛보다는 일출이나 일몰 때의 짧고 강렬한 햇빛이 더 자주 사용됩니다.

그중에서 불교의 사찰은 특히 일출을 중시합니다. 석가가 밤새 수행을 하다가 어느 날 새벽에 깨달음을 얻었다는 일화가 전해져서일까요? 불가에서는 새벽 예불을 중요하게 여깁니다. 그래서 이른 아침 신도들이 사찰에 들어선 순간을 장엄하게 연출하기 위해 대웅전은 동쪽으로 향하게 짓고, 그 안에 모신 본존불 역시 정동쪽을 향하게 만들어 떠오르는 아침 햇살을 정면으로 받게 설계되어 있습니다. 사찰이라는 곳 자체가 이 장면을 연출하기 위한 무대처럼 느껴질 정도입니다.

대부분의 종교는 사람들을 차별 없이 사랑할 것을 원칙으로 하고 있습니다. 그렇기 때문에 사찰이든 성당이든 모두에게 문이 열려 있어야 합니다. 하지만 그렇다고 정말 아무나 들어온다면 사찰 본연의 성스러운 느낌이 사라질 것입니다. 종교는 세상을 성聖과 속俗으로 나

▶▶ 전라북도 김제에 있는 '금산사'. 사방이 산으로 둘러싸인 구조이다. 안개가 사찰의 분위기를 더욱 신비하게 만들어주고 있다. (공공누리에 따라 문화재청의 공공저작물 이용)

늪니다. 사찰 혹은 성당이 성스러운 성역이라면 그 문을 나선 세상은 속된 속세입니다. 속세의 사람들이 사찰에 함부로 들어와서 성역을 더럽혀서는 안 될 것입니다.

모두에게 열려 있어야 하지만 그렇다고 정말 아무나 들어와서는 안 되는 모순. 이 모순을 해결하기 위해 사찰에서는 성과 속을 이어주는 길고 긴 여과장치를 사용합니다.

먼저, 사찰은 대개 산속 깊은 곳에 자리하고 있습니다. 그러니 목적지인 사찰을 찾아가는 것부터가 힘든 일입니다. 사찰에 들어서면 우선 일주문一柱門 혹은 산문山門이라는 문을 거쳐야 하는데, 이 문을 들어선다는 것은 사찰 영역 내에 들어섰음을 의미합니다. 길이 가팔라지기 시작하고 경내는 한결 조용해집니다.

그 다음에는 좌우에 금강역사가 그려진 금강문을 지나게 됩니다. 금강역사는 마치 태권도라도 하는 듯 공격적인 자세를 취하고 있습니다. 우리나라에서 가장 유명한 금강역사는 석굴암의 입구 부분에 있는 조각상입니다. 금강문을 지나면 천왕문에 도착하는데, 불국정토의 사방을 지키는 네 명의 사천왕이 세워져 있는 문입니다. 큰 눈을 부라리며 무서운 형상을 하고 있어 어느 사찰을 가든 기억에 선명히 남는 곳입니다.

이 사천왕문을 지나면 드디어 눈앞에 엄장한 대웅전이 보입니다. 가파르던 산길 대신 넓은 마당이 펼쳐지며 풍경과 목탁 소리가 들립니다. 잔잔한 향내도 풍깁니다.

대개 산문에서 금강문, 천왕문을 지나기까지 큰 절에서는 두어 시간, 도심의 작은 사찰이라도 10~20분의 오르막길을 걷도록 되어 있습니다. 이는 신앙심이 깊은 사람만이 사찰 경내에 들어오도록 하는 장치이자, 속세에서 성역으로의 길고도 섬세한 여과장치가 됩니다.

산길이 험준하고 힘들수록 사찰의 마당은 넓고 평탄해 보입니다. 사천왕의 표정이 험악하고 무서울수록 대웅전 본존의 얼굴은 더욱 온화해 보입니다. 이름 모를 새소리만 들리던 산길이 끝나고 경내로 들어온 순간, 마음을 안정시키는 풍경과 목탁 소리가 울려 퍼집니다. 오르막길을 올라오느라 숨이 찼던 사람들은 크게 숨을 쉬며 절의 향내를 맡게 됩니다. 이처럼 사찰에는 시각, 청각은 물론 후각과 체감까지 오감을 모두 자극하는 장치가 되어 있습니다.

대웅전은 그 무대장치의 절정이라 할 수 있습니다. 대웅전의 문이 남쪽을 향하고 있다면 해가 뜰 때 태양은 부처의 얼굴을 옆으로 비추면서 긴 그림자를 만들 것입니다. 서향이라면 역광을 받아 부처의 얼굴이 어둡게 보일 것입니다.

얼굴에 그늘과 역광이 드리워져 있는 불상을 보고 싶어 새벽에 산길을 올라 사찰을 방문하는 사람이 있을까요? 그래서 대웅전은 대부분 동쪽을 향하고 있습니다. 새벽의 떠오르는 태양빛을 받기 위해서입니다. 해가 뜨는 시간은 짧고도 강렬하기에 더욱 감동적입니다.

그런데 이와 반대로 지는 햇빛을 이용하는 건축물도 있습니다. 바로 성당입니다.

❖- 성당은 서쪽을 향하고 있다?

기독교와 천주교에서는 저녁 예배를 중요시합니다. 밀레Jean-François Millet, 1814~1875의 그림 〈만종〉에는 부부가 늦도록 밭을 갈다가 문득 들려오는 성당 종소리에 잠시 일손을 멈추고 기도를 드리는 풍경이 담겨 있습니다. 고된 하루 일과를 마치고 저녁 무렵에 드리는 저녁 기도는 기독교 문화에서 매우 중요한 의식입니다.

그래서 많은 성당은 서쪽을 향하고 있습니다. 저녁 기도를 드리기 위해 찾아온 사람들의 눈에 더욱 드라마틱해 보이기 위해서입니다. 서양의 고딕 성당*들은 입구 부분이 화려하고 요철이 두드러집니다. 이는 저녁 무렵 그림자를 길고 짙게 드리우기

*
고딕(gothic)이란 12-15세기에 북프랑스를 중심으로 유럽에 퍼진 미술양식이다. 건축에도 영향을 끼쳤는데, 고딕 건축양식에는 직사각형 형태의 건물 평면, 날카로운 첨탑, 아치 구조 등이 있다.

▶▶ 장 프랑수와 밀레의 1859년작 〈만종〉.

위해서입니다.

성당의 벽면에는 악마를 상징하는 괴수들이 조각 등으로 장식되어 있는 경우가 많은데 이는 앞서 사찰의 입구에 있는 사천왕상과 같은 효과를 줍니다. 사찰 경내로 들어가기 직전 마지막 관문의 사천왕상의 인상이 무섭고 괴이할수록 대웅전 본존의 미소가 더욱 자비로워 보이듯이, 성당 벽면에 장식된 날카로운 요철과 괴수의 형상이 기괴한 느낌을 주면 줄수록 성당 안 성모 마리아의 미소는 더욱 평온하고 온화해 보이는 것입니다.

사찰과 달리 성당은 도심에 위치한 경우가 많아 속세에서 성역으로의 긴 여과장치를 만들기가 쉽지 않습니다. 그래서 성당은 실내에 인위적인 장치들을 많이 사용합니다. 성당은 앞뒤로 긴 형태의 건물이 많습니다. 성당이든 교회든 예배당의 문을 열면 실내가 길게 뻗어 있고 그 긴 실내의 가장 안쪽에 신부나 목사의 연단, 큰 십자가나 거대한 스테인드글라스 등의 장식이 놓여 있어 매우 성스러운 분위기를 풍깁니다. 속세에서 성역으로 나아가는 긴 여과장치를 실내에 구현한 것으로 볼 수 있습니다.

이때 가장 안쪽에 있는 연단이나 주교좌주교가 교회 예식 때 앉는 의자는 동쪽에 위치하게 됩니다. 가장 성스러운 자리인 만큼, 성당을 건립할 때는 이 자리의 위치를 정하는 것이 매우 중요합니다. 이때 위치를 정하는 과정을 오리엔테이트orientate라고 합니다. 이는 '오른다', '떠오르다' 등의 뜻을 가진 라틴어 오리ori, 동쪽을 뜻하는 오리엔트orient에서 유래한 말입니다. 우리말로 하자면 '자세를 정하다', '위치를 정하다'라는 뜻인데, 그래서 이제 막 입학한 학생들이나 회사의 신입사원들에게 생활의 방향 설정을 해주는 행사를 '오리엔테이션orientation이라 하는 것입니다.

이렇듯 동서로 길게 뻗은 성당의 내부는 어두운 편이며 벽면에는 신비로운 스테인드글라스가 빛납니다. 실제 중세에 지어진 성당은 천장이 매우 높은데, 노트르담 성당의 천장 높이는 35미터, 아미앵 성당의 천장 높이는 42미터에 달합니다. 이는 요즘 건물의 12~13층 정도에 해당하는 높이여서 성당 내부에 들어선 순간 압도적인 느낌을 받습니다.

천장이 높기에 창 역시 사람의 눈높이보다 훨씬 높은 위치에 뚫려 있습니다. 눈높이에 맞게 창이 있으면 사람들은 대개 창밖으로 시선을 돌리기 쉽지만 눈높이에 창이 없으면 실내에서 가장 밝은 곳에 정

▶▶ 프랑스 랭스 성당의 외부 모습.

신을 집중하게 됩니다. 동쪽 끝에 자리 잡은 주교좌에만 시선을 집중하게 되는 것입니다. 창이 높은 곳에 위치하니 햇빛은 항상 천장 위에서만 머뭅니다. 까마득히 높은 천장과 그 위에서 쏟아지는 빛, 그것은 천장이라기보다는 천상天上이라는 느낌을 주고, 빛을 받아 색색으로 빛나는 스테인드글라스는 그 느낌을 더욱 극대화합니다.

스테인드글라스stained glass는 '착색된 유리'라는 뜻으로, 금속화합물을 녹여 붙이거나 안료를 구워 붙여 색을 입힌 유리조각을 서로 접합시키는 방법으로 만든 색유리판입니다. 스테인드글라스가 탄생한 이유에는 중세의 유리 가공 기술이 관련되어 있습니다. 요즘은 기술이 발달해 맑고 깨끗한 통유리를 쉽게 생산할 수 있지만 중세의 유리는 그렇게 투명하고 깨끗하지 못했습니다. 푸르스름하고 뿌연 빛을 띠었으며 다소 울퉁불퉁했습니다. 유리는 가공하기 어렵고 가격도 비쌌기 때문에 큰 통유리 대신 작은 유리조각들을 색색으로 물들여 모자이크 기법으로 성경의 장면을 그려놓은 것이 성당의 스테인드글라스입니다.

또 중세에는 귀족과 성직자를 제외한 대개의 농민들은 문맹이었습니다. 게다가 성경은 오로지 라틴어로만 기록되어 있었습니다. 요즘처럼 누구나 쉽게 책과 성경을 읽을 수 있는 시절이 아니었기 때문에 성경의 각 장면들을 스테인드글라스로 그려 보여준 것입니다. 성당의 어둡고 긴 실내는 고난받는 삶을 상징하고, 안쪽에서 밝게 빛나는 주교좌는 하나님이 계시는 천상을 상징했습니다. 그리고 성서의 장면을 보여주는 아름다운 스테인드글라스는 고난에 찬 현실을 이겨내게 만드는 성경 구절이자, 믿음을 통한 구원을 은유적으로 보여주는 장치이기도 했습니다.

▸▸ 프랑스 랭스 성당의 스테인드글라스.

성당과 사찰의 공간 구성은 매우 흡사합니다. 모든 종교는 인간이 스스로 나약함을 깨닫고 신에게 귀의하도록 하는 것을 목표로 하고 있기 때문에 극적인 공간 구성을 사용합니다. 사찰은 동향으로 지어지고 성당은 서향으로 지어져 언뜻 정반대로 보일 수도 있지만, 일상에서 분리된 비일상의 공간을 연출해 속세가 아닌 정토와 천국을 상징하는 공간을 표현하고 있다는 점은 같습니다. 빛으로 신을 표현하며, 눈에 보이지 않는 신의 존재를 확인시켜주기 위해 태양빛을 절묘하게 조절한다는 점도 동일합니다. 인도의 힌두교, 중동 지방의 이슬람교 사원 역시 신의 존재를 빛으로 표현해 보여줍니다.

이처럼 신의 존재를 느끼게 하는 데는 일출이나 일몰 등 짧고 강렬한 빛이 이용되어왔습니다. 한편, 높은 권위를 나타내면서도 한낮의 태양을 중요시하는 건축물도 있습니다.

❖– 남쪽을 향한 궁궐

유교가 종교인가 아닌가에 대해서는 견해가 엇갈립니다. 그러나 그것이 종교이든 하나의 사상이든, 조선 사회의 윤리 규범을 결정했던 생활철학이었다는 데는 이견이 없을 것입니다.

앞서 종교 건축의 특징을 성聖과 속俗의 구분이라 했습니다. 이는 유교 건축에서도 동일하게 적용되었습니다. 왕궁이 있는 도성은 성스러운 공간, 도성 밖을 벗어난 곳은 속된 공간이었습니다. 이는 조선시대에 '사대문 안'을 도성으로 한정하여, 이른바 '문 안'을 문화적이고 세련되었다 생각했던 성향에서도 드러납니다.

동양의 전통적인 사상은 천원지방天圓地方, 즉 하늘은 둥글고 땅은 네모나다는 것입니다. 하늘이 둥글다는 것은 천구의 형태가 둥글다는 것, 땅이 네모나다는 것은 이 세상 어디를 가나 동서남북 사방이 존재한다는 뜻으로 해석할 수 있습니다. 아울러 둥글다는 것은 가공되지 않은 순수하고도 자연적인 타고난 그대로의 형태original shape, 네모나다는 것은 인위적이고 인공적이며 또한 문화적인 형태artificial form를 의미한다고도 할 수 있습니다.

실제 해와 달은 둥급니다. 꽃과 과일의 형태도 단순화시키면 둥급니다. 사람 얼굴도 둥그스름합니다. 이처럼 하늘, 즉 자연이 만든 것은 둥급니다. 하지만 책, 자동차, 건물, 휴대폰, 컴퓨터 등 사람이 인위적으로 만들어낸 사물은 많은 것들이 사각형입니다.

동양의 전통적인 도성은 천원지방의 원리에 따라 정확히 동서남북을 지시하는 사각형으로 만들어졌습니다. 특히 황제나 왕은 하늘의 아들, 곧 천자天子로 인식되었기 때문에 해가 동쪽에서 떠서 서쪽으로 지기까지 하루 온종일 태양을 마주할 수 있도록 남쪽을 바라보고 있어야 했습니다. 이를 '제왕남면帝王南面의 법칙'이라 합니다. '왕은 남쪽을 보고 앉는다'는 뜻입니다.

한편 고대 중국에서 생각한 우주관은 '오행사상'이었습니다. 하늘 위에는 높고 커다란 곤륜산이 있어 그 산 위에 황금색 옷을 입은 황제가 앉아 있다고 생각했습니다. 또 동쪽에는 수렵의 신이자 봄을 담당하는 청제장군靑帝將軍이, 남쪽에는 농사의 신이자 여름을 담당하는 적제장군赤帝將軍이, 서쪽에는 가을을 담당하는 백제장군白帝將軍이, 북

▶▶ 하늘은 둥글고 땅은 네모나다는 사상에 따라 황제가 하늘에 제사를 지내던 천구단(위)은 둥근 형태를 하고 있다. 우리나라도 조선 시대 원구단은 둥근 형태의 건물이었으나 지금은 철거되고 없다. 반면 궁궐을 비롯한 일반적인 건물(아래)는 네모난 형태이다.

쪽에는 겨울을 담당하는 흑제장군黑帝將軍이 있다고 생각했습니다. 이름에 따라 청제장군은 푸른 옷을 입고, 적제장군은 붉은 옷을, 백제장군을 흰 옷을, 흑제장군은 검은 옷을 입고 있는 모습으로 상상했습니다. 또한 청제는 푸른 나무를, 적제는 붉은 불을, 백제는 금속을, 흑제는 물을 상징했습니다.

정리해보면 황제가 중앙에 앉아 있고, 황제의 전후좌우에 네 명의 장군이 자리해 각자 소임에 따라 황제를 보필하는 모습이 그려집니다. 이러한 원리는 도성을 만드는 데 실질적으로 적용되었습니다. 왕의 자리를 기준으로 왼쪽에는 역대 왕들의 신위를 모신 종묘를 두고, 오른쪽에는 곡식과 토지의 신을 모신 사직단을 두었습니다. 또 앞쪽에는 정사를 논하는 조정을, 뒤쪽에는 물품을 교역하는 시장을 두었습니다. 이를 좌묘우사左廟右社, 전조후시前朝後市라고 합니다.

왕은 남쪽을 보고 앉습니다. 그러니 왕의 왼쪽이란 곧 동쪽이고 오른쪽은 서쪽이며, 앞쪽은 남쪽, 뒤쪽은 북쪽입니다. 따라서 종묘는 동쪽에, 사직은 서쪽에, 조정은 남쪽에, 시장은 북쪽에 자리 잡게 됩니다.

경복궁을 중심으로 생각해보면 과연 동쪽에 종묘지금의 종로5가가 있습니다. 서쪽에는 사직단지금의 사직동이 있으며 경복궁 앞 남쪽에는 육

방위	중앙	동쪽	남쪽	서쪽	북쪽
사방의 신	황제	청제장군	적제장군	백제장군	흑제장군
상징색	황색	청색	적색	백색	흑색
계절/시간		봄/생성	여름/번성	가을/결실	겨울/휴식
오행	토(土)	목(木)	화(火)	금(金)	수(水)

▶▶ 방위에 따른 오행 사상.

조거리현 세종로가 위치합니다. 다만 시장은 경복궁의 뒤쪽에 있지 않고 종로3가옛 육의전 자리와 청계천옛 시전 자리에 놓여 있는데, 이는 본래 경복궁 뒤쪽에 산세가 험한 북악산이 있어 시장 자리로 적합하지 않았기 때문인 것으로 추측됩니다. 또한 시장의 특성상 사람들의 왕래가 많은 곳이어야 했기 때문에 청계천 주변에 자리 잡게 되었을 것입니다.

한양지금의 서울에는 종묘와 사직, 조정과 시장만 있는 것이 아니었습니다. 어느 도시나 가장 중요한 것은 민가인데, 한양의 민가는 북향으로 짓는 것이 원칙이었습니다. 조선은 왕조국가였기 때문에 왕을 제외한 모든 백성은 왕의 신하였습니다. 왕이 남향을 하고 앉아 있으니 만백성은 왕과 마주보기 위해서 북향을 해야 했으며, 경복궁이 남향이니 민가는 북향이어야 했습니다.

그러나 이러한 원칙은 조선 초기에만 주로 지켜졌고 중기 이후로 갈수록 실리적인 이유로 남향을 하는 집이 많아졌습니다. 집을 남향으로 짓는 것이 볕이 잘 들고 여러모로 편리했기 때문입니다. 그리고 이 원칙은 한양 내에서만 지켜질 뿐 도성 밖을 나서면 그다지 잘 지켜지지 않았습니다.

이른바 '뼈대 있는 집안'이라면 한양 밖에서도 임금과 마주보기 위해 북향집을 고집하기도 했습니다. 이런 집을 북비北扉집, 혹은 북비고택이라 하였는데 여기서 북비는 북쪽으로 낸 사립문이라는 뜻입니다. 사립문은 통나무를 잘라 만든 육중한 대문이 아니라 싸리나무를 묶어 만든 문을 말하며, 가난하고 궁색한 살림을 나타냅니다. 즉 북비집이란 낙향을 하여 궁색하게 살망정 임금을 향한 충절을 잃지 않는 선비의 집을 부르는 말이 되겠습니다. 가끔 전통시가나 시조에서 '북창에 기대어' 혹은 '북향을 바라보며' 등의 표현이 임금을 향한 충절로 해석되는 것은 바로 이런 이유 때문입니다.

지금은 남향집이 일반화되어 조상들도 당연히 남향집에 살았을 것이라 생각하지만 실제 한양에서 남향집을 짓는다는 것은 원칙적으로 임금을 등지는 꼴이 되므로 불경이요 금기였습니다. 그래서 시조에서도 동창東窓이나 북창北窓이 자주 나올 뿐 남창南窓은 언급조차 잘 되지 않습니다.

'남쪽을 향한 창'에 대한 이야기는 1934년이 되어서야 등장합니다. 김상용의 시 「남으로 창을 내겠소」가 그것입니다.

남으로 창을 내겠소.
밭이 한참갈이
괭이로 파고
호미론 김을 매지요.
구름이 꼬인다 갈 리 있소.
새 노래는 공으로 들으랴오.
강냉이가 익걸랑
함께 와 자셔도 좋소.

왜 사냐건
웃지요.

-「남으로 창을 내겠소」, 김상용

작품 배경을 모르고 읽으면 새소리를 들으며 호미로 김을 매고 강냉이를 삶아 먹는 등 평화로운 전원생활을 노래하는 시 같습니다. 하지만 1934년은 일제강점기, 경복궁의 바로 코앞에 조선총독부가 지어졌던 때입니다. '남으로 창을 내겠다'는 말은 북쪽을 향해봤자 보이는 것은 조선총독부이니 아예 그것을 등지기 위해 남쪽으로 창을 내겠다는 말로, 알고 보면 상당히 저항적인 내용을 담고 있는 시입니다.

불교, 기독교, 유교, 이슬람교 등 각 종교의 건축은 언뜻 보았을 때 서로 다른 방향을 추구하고 있는 것처럼 보이지만 빛을 이용해 신과 제왕의 권위를 끌어내려 했다는 점에서 그 기반이 같은 건물이라 볼 수 있습니다. 인간은 본능적으로 빛을 좋아합니다. 그래서 정의와 선을 빛으로, 불의와 악을 어둠으로 표현합니다.

전기가 없던 시절에는 지금과 같은 인위적인 조명을 연출할 수 없었습니다. 인간은 지고한 권력의 정점, 신의 모습을 보여주기 위해 태양을 조명처럼 이용할 수 있는 건물을 지었습니다. '빛'이라는 자연 요소를 미학적으로 이용하기 시작한 것입니다.

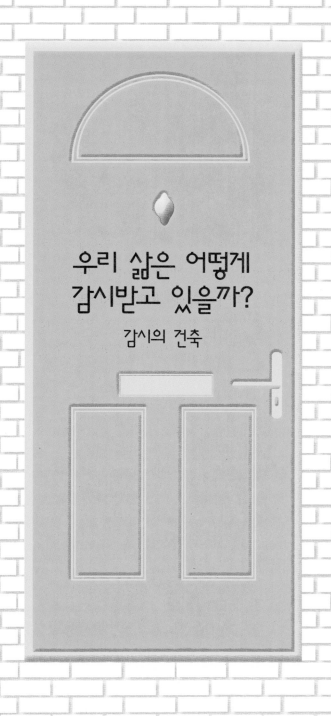

우리 삶은 어떻게
감시받고 있을까?

감시의 건축

조선 시대 궁의 아침 조회를 상참의(常參儀)라고 합니다. 왕은 어좌에 앉아 있고, 그 앞에 신하들이 품계별로 앉아 있습니다. 각종 방송 매체나 그림 등에서 자주 보아 익숙한 왕궁의 조례 광경입니다.

왕은 문을 정면으로 바라보고 있습니다. 그런데 그 아래 서 있는 신하들은 왕과 마주보고 서 있지 않습니다. 동쪽에 앉은 신하들은 서쪽을, 서쪽에 앉은 신하들은 동쪽을 바라보고 서 있습니다. 결국 왕은 정면을, 신하들은 서로를 마주보는 형식을 취합니다. 신하들이 절을 할 때도 이 자세 그대로 몸을 숙이기 때문에 문관과 무관들은 왕에게 절을 올리는 것이 아니라 서로 맞절을 하는 것처럼 보입니다. 왕이 정면을 보고 있으니 응당 신하는 왕과 마주보아야 할 것 같은데, 어째서 이들은 직각으로 비껴 서 있는 걸까요?

인간의 감각에는 오감, 즉 다섯 가지 감각이 있다고 합니다. 눈으로 보는 시각, 귀로 듣는 청각, 코로 냄새를 맡는 후각, 혀로 맛보는 미각, 피부로 느끼는 촉각입니다. 이 중에서도 시각은 특히 중요해서 인간은 받아들이는 정보량의 80%를 눈으로 본 시각 정보에 의존합니다. 그래서 사람들에게 내가 무엇을 보느냐, 내가 누구에게 어떻게 보이느냐는 매우 중요한 문제입니다.

프랑스의 철학자 미셸 푸코Paul Michel Foucault, 1926~1984는 고대사회를 '구경의 시대'라고 했습니다. 권력을 가진 사람은 그렇지 못한 사람보다 항상 눈에 잘 띄도록 자신을 치장했고, 권력을 가지지 못한 사람들은 이들을 구경했습니다. 구경은 권력관계를 더욱 단단히 만들어주었습니다.

역사가들은 최초의 국가권력이 탄생한 때를 청동기 시대로 추정하고 있습니다. 지금 박물관에 있는 청동기들은 푸른 녹이 슬어 볼품없어 보이지만, 잘 닦은 청동기는 황금과 같은 광채를 자랑합니다. 따라서 청동기 시대, 청동 검을 비롯해 청동 갑옷과 청동 장신구를 걸치고 다녔을 왕은 온몸이 번쩍번쩍 빛나 겉모습부터가 여느 사람과 달랐을 것입니다. 평범한 백성들은 권력자의 화려한 옷, 그가 타고 다니는 말과 신하 등을 구경하는 것으로 만족해야 했습니다. 이는 고대사회뿐 아니라 전근대사회에서도 마찬가지였습니다. 조선 시대 왕이 행진하는 어가행렬은 그 자체로 신나는 구경거리였습니다. 심지어 원님이라 부르는 지방수령의 부임행렬도 백성들에게는 큰 구경거리였습니다.

이처럼 권력을 가진 자가 눈에 잘 띄는 화려한 복장을 하는 관습은 여성복에서 일부 남아 있습니다. 현대에 와 남성복은 신분에 관계없이 거의 통일되었습니다. 왕이든 대통령이든 일반 회사원이든 공식 석상에서는 큰 차이 없는 짙은 색 양복을 입습니다. 하지만 여왕이나 왕비, 영부인의 옷차림은 보통 여성들에 비해 색이 밝고 디자인이 화려한 경우가 많습니다. 때로는 모자나 숄 등 장신구를 이용하기도 하고, 드레스를 입기도 합니다. 여성들은 특히 큰 손님을 접대하거나 경사스러운 날일수록 밝은 색 옷을 입는데, 그에 반해 그녀의 뒤를 따르는 수행원과 비서들은 검은색 옷을 입습니다. 신분이 높은 여성, 이 자리에서 주목을 받아야 하는 여성보다 눈에 띄어서는 안 되기 때문입니다.

▶▶ 영국 왕실 가족인 케임브리지 공작 부부. 공작(윌리엄)은 짙은 색의 평범한 정장을 입고 있지만 공작부인(캐서린)은 화려한 붉은 코트와 모자를 착용하고 있다.

이처럼 '구경의 시대'는 권력자가 스스로 눈에 띄는 차림을 하고 여러 사람 앞에 구경감이 됨으로써 그 권력을 확인하던 시대를 말합니다. 때로는 대중을 위해 구경거리를 제공하기도 했습니다. 대표적인 예가 로마제국 콜로세움에서 벌이던 온갖 구경거리입니다. 전차 경주, 인간과 짐승의 격투, 검투사들끼리의 싸움 등 이른바 '빵과 서커스'*라 알려진 유흥거리가 대표적이며, 죄인의 처형 장면을 일반에게 공개하는 것도 여기에 포함되었습니다. 사지를 찢는 능지처참, 목을 베는 참수형, 마을 광장에서 벌어지던 마녀의 화형 집행 등이 보통 사람들의 구경거리 중 하나였다는 것입니다. 잔인한 처형 장면을 왜 사람들에게 보여주는지 지금의 윤리·인권의식으로는 잘 이해가 되지 않지만, 전근대사회에서 처형이란 권력을 재확인시켜주는 일종의 전시행위였습니다. 처형 장면을 여러 사람에게 공개하는 것은 그 죄인 하나를 처벌한다는 목적 외에 앞으로 일어날 범죄를 예방하는 목적이 더 컸기 때문입니다.

고대와 중세사회는 이처럼 구경이라는 시각적 장치를 이용해 민중을 통제했습니다. 권력자는 스스로 눈에 띄는 존재가 되거나 무언가 색다른 볼거리를 제공함으로써 자신의 권력을 재확인시켰습니다.

그런데 근세에 이르러 '구경'과 반대되는 시각관계가 발생했습니다. 권력자가 보이는 대상이 아니라 보는 주체가 된 것입니다. 바로 '감시'입니다. 권력을 가지지 못한 다수가 권력을 가진 소수를 바라보는 시스템이 약화되고, 권력을 가진 사람이 그렇지 못한 사람들을 숨어서 감시하고 통제하는 시스템이 발생했습니다.

작업장이나 사무실에서 일을 할 때 하급자는 항상 상급자에게 일일이 작업을 보고하며 지시를 받아 일을 하도록 되어 있습니다. 그래서 작업장에서의 상급자를 슈퍼바이저supervisor라 합니다. 슈퍼바이저들은 하급자들을 언제든 살펴볼 수 있는 자리에 배치됩니다. 대개 하급자는 앞에, 상급자는 뒤에 앉거나 하급자는 가장자리에 자리 잡고 상급자는 중앙에 자리 잡는 식이 됩니다. 어떤 자리에서든 상급자는 항상 하급자를 감

*
맛있는 음식과 재미있는 오락거리를 상징하는 말로 대중을 사로잡을 때 쓰이는 통치기술을 가리킨다.

시하고 살펴볼 수 있게 됩니다.

　권력의 가장 극명한 관계를 보여주는 느와르 영화 혹은 '조폭 영화'에서는 조직원들의 회의 모습을 즐겨 보여줍니다. 회의는 대부분 장방형의 긴 테이블에서 이루어지며, 테이블 가장 끝에 두목이 앉으면 부하들은 테이블 양 옆으로 서로 마주보며 나란히 앉습니다. 테이블의 짧은 변에 앉은 두목은 그 자리에서 모든 조직원을 쉽게 바라볼 수 있지만, 테이블의 긴 변에 앉은 조직원들은 두목을 볼 수 없습니다. 고개를 들어봤자 맞은편에 앉은 또 다른 부하의 얼굴만 보이므로 두목을 보기 위해서는 고개를 들어 두목 쪽으로 고개를 돌려야 하는데, 그런 행동은 대개 두목에 대한 반항심을 드러내는 장치로 사용됩니다.

　우두머리는 모든 아랫사람들을 쉽게 바라볼 수 있지만 아랫사람들은 우두머리를 마음대로 볼 수 없는 구조를 '시선의 비대칭성'이라 합니다. 우두머리가 나를 보고 있는지 아닌지조차 가늠할 수 없는 자리 배치, 권력에 따라 비대칭적으로 만들어진 시선 방향은 조직폭력단 같은 하급사회에서만 이용되는 것이 아닙니다. 이런 자리 배치는 회사의 단체 회의에서도 흔히 사용되며, 조선 시대 상참의 풍경이기도 합니다.

　어좌에 앉은 왕은 모든 신하를 한눈에 바라볼 수 있지만 신하가 왕을 쳐다보자면 굽혔던 허리를 펴고 고개를 완전히 틀어야 합니다. 다들 허리를 숙이고 있는 가운데 혼자 허리를 세우고 고개를 들면 금세 눈에 띄게 됩니다. 왕은 나를 볼 수 있지만 나는 왕을 볼 수 없습니다. 권력에 따른 시각의 비대칭성을 가장 극명히 드러내주는 구조

▸▸ 영화 〈광해, 왕이 된 남자〉에 등장하는 상참 장면. 대신들이 왕이 있는 정면이 아니라 옆쪽을 바라보고 있다. (사진 출처. 영화 〈광해, 왕이 된 남자〉)

라 할 수 있습니다.

이것이 바로 감시입니다. 감시라고 하면 '숨어서 훔쳐본다'는 말과 동일하게 생각하는 경우가 있습니다. 그러나 감시의 본질은 권력자는 비권력자를 언제든 마음대로 볼 수 있되 비권력자는 권력자를 마음대로 볼 수 없다는 것, 또한 비권력자가 권력자를 보려고 하는 순간 곧바로 그 행위가 발각되고 중단된다는 것에 있습니다.

　대개 감시를 하는 사람은 소수이고 감시를 당하는 사람은 다수입니다. 따라서 감시가 효율적으로 이루어지려면 소수가 다수를 쉽게 감시하고 통제할 수 있는 물리적 장치가 있어야 합니다. 가장 대표적인 예가 영국의 철학자이자 법학자, '최대다수의 최대행복' 이론으로 유명한 공리주의자 제러미 벤담^{Jeremy Bentham, 1748~1832}이 설계한 판옵티콘^{panopticon}입니다.

　판옵티콘은 그가 발명한 건축 구조로 적은 인원으로 많은 사람을 감시할 수 있는 장치입니다. '일망감시방법'이라고도 하는데, 둥그런 원형 건물을 중앙에 짓고, 그 주변에 감시하고자 하는 대상을 두어 중앙에서 대상을 감시하는 방법입니다.

　이 구조는 특히 교도소에서 많이 사용됩니다. 대표적인 예가 미국 일리노이 주에 있는 스테이트빌 교도소이며 이후 교도소 건축의 전형이 되었습니다. 우리나라에서는 일제강점기에 지어진 서대문 형무소^{현 서대문 형무소 역사관}이 같은 방식으로 지어졌습니다. 서대문 형무소의 경우 한 채의 건물로 지어진 것이 아니라 여러 채의 건물이 중앙의 감시탑을 중심으로 방사형으로 뻗어나가 있습니다.

　중앙에 높은 감시탑을 두고 주변에 죄수의 방을 빙 둘러놓으면 한두 명의 간수가 수백 명의 죄수를 효율적으로 감시할 수 있습니다. 최소한의 인원으로 최대한의 인원을 감시할 수 있는 장치인 셈인데, 벤담의 독자적인 발명품이라기보다 기존에 존재하는 것을 벤담이 체계화시켰을 가능성이 높습니다.

❶ 미국의 스테이트빌 교도소의 내부 전경. 중앙 감시탑에 있는 소수의 간수가 다수의 죄수들을 감시할 수 있다. 스테이트빌 교도소의 수용인원은 3,500명에 이른다.

❷ 일제강점기 서대문형무소 운동장에 마련된 격벽장. 수감자들이 운동을 할 때 사용하던 곳인데, 수감자들끼리 대화하는 것을 막기 위해 부채꼴 형태로 높이 벽을 쌓아 만들었다. 사람이 들어가면 몹시 협소하다.

    죄를 지은 자를 감금하는 형벌 자체는 아주 오래전부터 존재했지만, 대부분 감옥은 어두컴컴하고 외진 곳에 있거나 지하에 있었습니다. 특히 중세시대 유럽의 성에는 지하 감옥을 갖추고 있는 곳이 많았습니다.

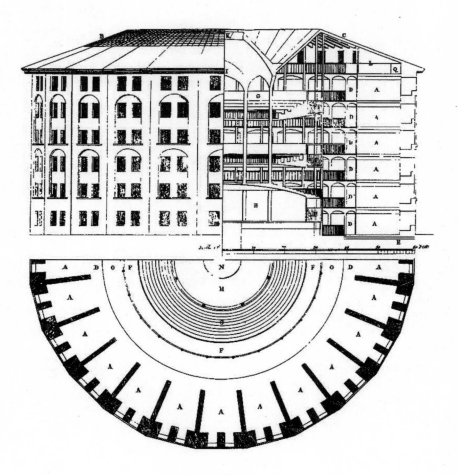

▶▶ 벤담이 남긴 판옵티콘 스케치.

벤담은 지하 감옥을 지상으로 끌어올리고 폐쇄적이고 어두웠던 감방에 밝고 큰 창을 설치했습니다. 감옥 중앙에 감시탑이 있고, 그 주변으로 감시탑을 둘러싸는 형태의 둥근 건물을 만들어 감방을 둡니다. 각 방에는 커다란 창을 설치합니다. 그러면 외부의 빛이 내부로 통과하면서 죄수의 모든 행동이 중앙의 간수에게 낱낱이 보이게 됩니다. 하지만 외부의 빛이 중앙의 간수탑까지는 도달하지 못하기 때문에 죄수들에게는 간수의 행동이 보이지 않습니다.

일반적인 상황에서 시각은 대칭적입니다. 사람들은 "사람을 바라볼 때는 얼굴을 마주하고 시선을 맞추는 것이 예의"라고 배웁니다. 서로 마주보고 시선을 교환하는 것은 상대방을 존중한다는 표현이기도 합니다. 학교에서 교단에 선 선생님은 학생들을 바라보고 학생들 역시 선생님을 바라봅니다. 선생님이 나를 보고 있는지 아닌지 금방 알 수 있기 때문에, 수업시간에 선생님이 다른 곳을 보고 있다 싶으면 딴짓을 하기도 합니다. 반대로 딴짓을 하다가도 선생님이 다시 나를 본다 싶으면 얼른 그 일을 멈춥니다.

그런데 만약 선생님이 교실에서 커다란 선글라스를 쓰고 수업을 한다면 학생들은 선생님의 시선이 어디를 향하는지 알 수 없기 때문에 항상 '나를 보고 있다'는 전제 아래 계속 긴장하며 수업을 듣게 될 것입니다. 중요 인물을 보호하는 경호원들이 짙은 색 선글라스를 자주 착용하는 이유도 같습니다. 경호원이 어디를 보는지 알 수 없어야 침입자가 공격하기 어려워지기 때문입니다.

감시를 당하는 사람이 지금 자신이 감시를 받고 있는지 아닌지 모호해질 때, 감시를 당하는 사람은 자신의 행동을 스스로 감시자의 시선에 맞추어 통제하게 됩니다. 이때 감시의 효과가 극대화됩니다.

중세의 지하 감옥과 근대의 교도소. 둘 모두 죄인을 가둔다는 점에서 같아 보이지만 엄밀히 말해 두 장소의 목적은 서로 다릅니다. 중세의 형벌은 신체에 직접적으로 가해지는 잔인한 형벌이 대부분이었습니다. 낙인을 찍든 목을 베든, 모든 사람이 구경할 수 있는 공개된 장소에서 형을 집행했습니다. 옛날의 감옥은 형을 집행하기 전까지 임시로 수용되는 장소에 불과했습니다. 하지만 현대의 교도소는 형벌만을 목적으로 하고 있지 않습니다. 죄를 지은 사람들을 교도·교육시켜 사회에 적응할 수 있는 사람으로 만든 뒤 다시 사회로 환원시키는 교정시설입니다.

❖ 수용소에서 병원으로

정신적·정서적인 문제점을 개선하는 시설이 교도소라면, 신체적으로 문제가 있는 사람을 바르게 치료하여 사회로 환원시키는 시설도 있습니다. 바로 병원입니다. '올바른 신체에 올바른 정신이 깃든다'는 말이 있듯 예로부터 정신과 신체는 밀접하게 관련되어 있는 것으로 여겨졌습니다. 정신을 교화시키는 교도소와 신체를 치료하는 병원의 구조는 서로 동일합니다.

지금은 몸이 아프면 환자가 병원에 가지만 19세기까지만 해도 의사가 환자의 집으로 찾아가는 것이 일반적이었습니다. 이렇게 의사를 집으로 부를 수 있는 사람들은 귀족이나 부유한 사람들이었고, 가난한 사람들은 의사를 부를 돈이 없어 민간요법에 의존하거나 가족이 의사의 집을 방문해 약 처방을 받는 정도가 대부분이었습니다.

병원의 기원은 고대 로마제국에서 병든 군인이나 노예 등 집에서 따로 돌봐줄 사람이 없는 이들을 위해 국가가 제공한 일종의 수용시설로 거슬러 올라갑니다. 이러한 시설은 호스피티아^{Hospitia} 혹은 호스피탈리아^{Hospitalia} 등으로 불렸는데, 치료를 해 환자를 낫게 하기보다는 병들어 갈 곳 없는 이들에게 숙식을 제공하기 위한 목적이 더 컸습니다. 당시는 병이 나도 집에서 치료를 받았고, 전염병인 경우에는 격리 수용되었습니다. 따라서 호스피티아에 간다는 것은 돌봐줄 가족이 없거나 사회와 격리되어 죽음을 기다려야 한다는 것과 같은 뜻이었습니다.

중세 시대에는 성당과 수도원에서 순례 여행자나 행려병자, 병들고 가난한 자들에게 숙식을 제공하는 시설을 운영했습니다. 호스피스^{Hospice}, 혹은 '하나님의 집^{호텔듀, Hotel-dieu}'이라 불리는 이곳 역시 치료보다는 숙식을 제공하는 구빈원의 성격이 강했습니다. 성당과 수도원에서 운영하는 시설이었기 때문에 건물의 형태도 성당과 비슷했습니다. 긴 회랑 주변으로 여러 개의 침대를 놓고, 수녀들이 환자 사이를 돌며 음식을 제공하고 간호를 담당했습니다.

이런 특징은 우리 고려와 조선 시대에도 마찬가지였습니다. 전통적으로 국영병원이 없었던 것은 아니지만 '혜민서', '대비원'* 등의 명칭에서 알 수 있듯이 행려병자, 고아, 빈자, 노인들에게 숙식을 제공하는 구빈원의 성격이 강했습니다.

*
혜민서(惠民署, 백성들에게 은혜를 베푸는 부서라는 뜻)는 조선 시대 의약과 일반 서민의 치료를 맡아본 관청이다. 대비원(大悲院, 대비란 중생의 고통을 건져주려는 부처의 큰 자비를 의미)은 고려 시대와 조선 초기 빈민들을 구호하던 관청이다.

▶▶ 중세 시대 호스피스의 모습.

이러한 형태의 시설을 좀 더 체계적으로 발전시킨 사람이 크림전쟁 당시 야전병원의 간호사로 봉사했던 나이팅게일Florence Nightingale, 1820~1910입니다.

야전병원의 특성상 의료진은 부족하고 부상병은 넘쳐납니다. 적은 수의 의료진으로 많은 수의 부상병을 효율적으로 치료하기 위해 중세의 호스피스는 한 번 더 진화할 필요가 있었습니다. 나이팅게일은 긴 복도를 따라 양 옆에 침상을 두고, 병원 가운데에는 간호사들이 환자들을 살펴볼 수 있도록 너스 스테이션nurse station을 두었습니다. 이는 벤담의 판옵티콘을 직사각형으로 변형시킨 모양입니다. 너스 스테이션에서는 한두 명의 간호사가 양 옆에 늘어선 몇 십 명의 부상병의 상태를 쉽게 파악할 수 있습니다. 이러한 병원 형태를 나이팅게일 병동이라 부릅니다. 시간이 흘러 나이팅게일 병동의 규모가 커지면서 종합병원이 탄생했습니다.

19세기는 의학이 비약적으로 발달한 시기였습니다. 이 시기에는 현대의학의 큰 발견이 이루어졌는데, 프랑스의 파스퇴르Louis Pasteur, 1822~1895가 미생물의 존재를 발견해 감염이 질병의 주요 원인 중 하나임을 밝혀낸 것이 그것이었습니다. 지금은 누구나 눈에 보이지 않는 세균과 미생물의 존재를 알고 있지만 파스퇴르의 발견 이전에는 '감염'에 대한 인식이 없었기 때문에 의사들이 손도 씻지 않고 외과수술을 하는 경우도 비일비재했습니다. 그런 만큼 병원의 환자 사망률은 무척 높았습니다.

미생물의 존재가 밝혀지며 세균 감염을 방지하는 것은 병원을 지을 때 1차적으로 고려해야 할 문제가 되었고, '청결, 분산, 격리'의 원칙이 병원 설계에 적용되었습니다. 기존 병원은 질병과 부상의 종류에 관계없이 모든 환자를 한데 수용했지만, 바뀐 병원에서는 나이와 성별, 질병의 종류에 따라 환자를 분산 수용하게 되었습니다. 병동이 외과, 내과, 소아과, 산부인과 등으로 분리되면서 내부 구조는 나이팅게일 병동의 형태를 따르게 되었습니다.

20세기에 들어서면서 의학기술의 발달과 함께 의료기기와 장비도 점차 전문화되고 대형화되었습니다. 의사가 의료장비를 일일이 들고 왕진을 할 수 없고, 환자가 의료장비를 집에 일일이 갖추어놓을 수도 없기에 환자가 병원으로 찾아가는 것이 일반적인 모습이 되었습니다. 병원은 비싼 최신 의료장비들을 여러 병동에서 손쉽게 이용할 수 있도록 중앙에 비치해두었습니다. 각 병동들은 서로 감염을 피하기 위해 따로따로, 그러나 외부적으로는 중앙을 향해 방사선형으로 뻗어나가게 지어졌습니다. 20세기 대표적인 병원의 유형입니다.

감옥과 병원은 처음부터 그 기원이 동일했다고 할 수 있습니다. 중세 시대에 질병이란 신이 내린 형벌로 간주되었습니다. 근세사회에 이르러서도 감옥과 병원의 구별이 모호한 공간이 있었으니, 19세기의 정신병원과 특정 질병 환자의 격리 수용시설이 그러했습니다. 과거의 정신병원은 귀찮거나 떼어내고 싶은 사람, 정치적으로 견제하고 싶은 사람에게 특별한 의학적 근거 없이 정신병이라는 올가미를 씌워 사회와 격리시키는 목적으로 악용되는 경우가 잦았습니다. 일제강점기, 한센병 환자들을 격리 수용했던 소록도 자혜의원도 비슷한 감금시설로 악용되었습니다. 한센병 환자들을 치료한다는 명목으로 지어진 소록도 자혜의원에서는 환자들을 감금한 채 강제노동, 생체실험, 불임수술 등 각종 잔학행위를 저질렀습니다.

▶▶ 1916년에 설립된 소록도 자혜의원 환자들의 모습. 1937년에는 병원 안에 벽돌 공장을 지어 환자들의 노동력을 착취해 매일 수만 장의 벽돌을 만들게 했다. 제2차 세계대전이 일어나자 송진을 채취하게도 하고 가마니를 만들게 하는 등 군수물자 생산에 환자들을 이용했다. 소록도 자혜의원은 현재 국립소록도병원으로 바뀌어 한센병 환자를 전문으로 치료, 보호하고 있다.

▶▶ 1920년 미국에서 경찰 수사에 의문을 제기했다는 이유로 정신병원에 감금되었던 여성의 실화를 바탕으로 만들어진 영화 〈체인질링〉의 포스터.

중세사회가 붕괴한 원인은 전염병, 기근, 전쟁 등이었습니다. 이 요인들은 인구를 대폭 감소시킵니다. 14세기 서유럽은 흑사병으로 인해 전체 인구의 약 30%를 잃게 되었습니다. 특히 영국 인구는 절반가량이 줄어들었습니다. 그러자 중세 후기에는 베이비 붐이 발생해 인구가 급증했고, 이러한 사회를 지배하기 위해서 새로운 시스템이 필요해졌습니다. 그것이 바로 감시와 통제였습니다. 이를 수행하기 위한 새로운 장치가 등장합니다. 학교와 감옥입니다.

서구 중세사회에서 사람들을 직접 관리하는 기관은 지역 성당이었습니다. 아이가 태어나면 곧바로 성당에 가 세례를 받았고, 청소년기에 이르면 성인식에 해당하는 견진성사를 했습니다. 청년이 되면 성당에서 혼인미사를 올리며 결혼을 했습니다.

인구가 그리 많지 않던 중세 시대에는 영주 등 지방 정치권력자의 힘이 강했고, 때문에 종교적 질서를 다스리는 지역 성당이 이 모든 일을 주관할 수 있었습니다. 하지만 근세로 넘어오면서 지방 정치나 교회 권력보다 훨씬 강력한 국가 권력이 등장했습니다. 이제 사람들은 아이가 태어나면 출생신고를, 성인이 되면 주민등록증을 부여받습니다. 그리고 살아가는 내내 혼인신고, 사망신고, 전입신고 등 모든 절차를 교회가 아닌 국가 기관에서 서류 형식으로 처리합니다.

이런 절차를 이해하고 따르기 위해서는 모든 사람들이 기본적인 읽기 쓰기 능력을 갖출 필요가 있었습니다. 모두가 서로 알고 지내는 작은 지역 사회에서 평생을 보내던 중세 시대와 달리, 지역 규모가 커지고 도시가 발달한 근대사회에서는 누구나 익명의 여러 사람과 어울리며 사회관계에 적응할 수 있어야 했습니다. 그러기 위해서는 사람들이 모두 국가적으로 공통된 규범과 규칙을 지켜야 했고, 근세사회의 시민을 양성하기 위해 학교가 등장하게 되었습니다.

중세 시대에 학교는 많지도 않았고, 귀족의 아이들은 가정교사를 통해 공부하다가 소년들만 대학에 진학했습니다. 대학 외의 교육기관은 수도원에서 운영하는 신학교가 있었습니다. 장인이나 기술공의 아들은 다른 수공업자에게 맡겨져 도제 교육을 받으며 성장했고, 딸이나 농부의 아이들은 집에서 부모의 일을 거들며 직업교육을 받았습니다. 이처럼 중세의 교육은 특정 기술과 특정 지식을 습득하는 데 주안점을 두었습니다.

그러나 근세부터 시작되어 오늘날까지 이어지는 학교는, 사회의 여러 방면에서 다양하게 응용할 수 있는 기본적이고 전반적인 지식을 중시하며 지식보다는 규범의 체득을 더 중요하게 여깁니다. 때문에 학생 역시 특정 기술이나 지식을 배우려는 소수가 아닌 다수의 일반인입니다. 한 사람의 교사가 두세 명, 많아야 너덧 명의 아이를 가르치는 중세의 교육방식이 사라지고, 교사 한 사람이 수십 명의 학생을 가르쳐야 하는 상황이 되었습니다. 그러자 많은 사람을 효율적으로 관리하기 위한 장치인 판옵티콘이 다시 등장했습니다.

물론 학교에서 적용되는 판옵티콘은 원형 감옥과는 조금 다릅니다. 교탁에 선 교사와 그 앞에 앉아 있는 학생들은 서로 마주보고 있기 때문에 시각의 불평등에 따른 구속은 일어나지 않습니다. 하지만 그렇다고 해서 감시와 통제가 전혀 없는 것은 아닙니다. 초등학교부터 고등학교까지 12년의 교육 기간을 통틀어 수업시간에 가장 많이 듣는 말은 "옆 사람 보지 말고 선생님만 봐라", "옆 사람과 떠들지 말라", "모르는 것이 있으면 손을 들고 선생님한테 물어보라" 등일 것입니다. 교실 안에서 이루어지는 모든 대화나 소통은 학생과 교사 사이에서만 인정되며, 학생 상호 간의 의사 교환은 허가되지 않습니다. 또한 교사는 자유롭게 발언할 수 있지만 학생이 발언하기 위해서는 손을 들고 교사의 허락을 받아야만 합니다. 감옥이 감시에 의한 통제를 한다면, 학교에서는 정보의 허용과 차단 여부로 학생들을 통제하는 것입니다.

병원과 교도소가 육체적, 사회적으로 조정이 필요한 사람들을 치료하고 교정하여 사회로 환원시키는 장소라면, 학교는 미성숙한 어린이나 청소년을 교육시켜 사회로 보내는 장소입니다. 세 가지 시설의 본질은 결국 동일합니다. 이처럼 판옵티콘은 많은 건축에 응용이 가능하며, 일상 속에 구석구석 적용되어 있습니다.

알고 보면 우리는 일생 대부분의 시간을 판옵티콘에서 보냅니다. 모든 아이는 태어나자마자 엄마와 떨어져 병원 신생아실에 보호됩니다. 나이팅게일 병동과 똑같이 생긴 그곳에서 몇 명의 간호사가 아이들을 관리 감독하며, 부모도 정해진 시간에만 아이를 유리창 너머로 확인하고 돌아갈 뿐입니다. 초등학교에 입학하면 대학교를 졸업하는 날까지 판옵티콘 구조로 이루어진 학교에서 하루의 대부분을 보냅니다. 이후 군대나 회사에 들어가면 또 다시 변형 판옵티콘에서 상사로부터 감시와 관리를 받게 됩니다. 시간이 지나며 감시받는 입장에서 감시하는 입장이 되는 변화가 생기기도 할 것입니다.

시간이 흘러 노인이 되면 실버타운 등 요양시설에 들어갈 수도 있습니다. 시설에서는 건강 관리와 각종 사고에 대비해 끊임없이 간호사의 관리와 감독을 받습니다. 좀 더 노쇠해 병에 걸리거나 입원이 필요하게 되면 처음 자신이 태어났던 병원으로 다시 돌아가, 보다 전문적이고 직접적인 관리를 받게 됩니다. 이처럼 우리는 태어나서부터 죽을 때까지 참으로 많은 시간을 판옵티콘에서 보내고 있으니, '감시의 시대'라는 말이 결코 과언은 아닌 것입니다.

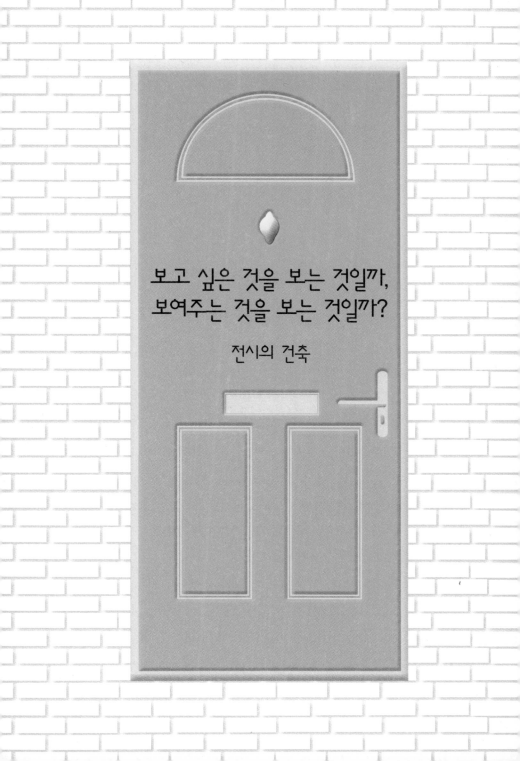

보고 싶은 것을 보는 것일까,
보여주는 것을 보는 것일까?

전시의 건축

1993년, 대전광역시에서 한국 최초로 세계박람회가 열렸습니다. 이 박람회를 엑스포(EXPO)라고 합니다. 당시 우리나라는 한국이 세계박람회를 개최할 정도로 경제적으로 발전했다는 사실을 국내외에 적극적으로 알렸으며, 이 박람회를 무사히 치르기 위해 전국적으로 많은 노력을 기울였습니다. 2012년에는 전라남도 여수에서도 세계박람회가 열렸습니다.

세계박람회 외에도 매년 크고 작은 엑스포가 무수히 열립니다. 엑스포란 expose, 즉 '전시한다'는 말을 줄인 것입니다. 여러 가지 물건을 전시하는 엑스포는 어떻게 생겼났고, 왜 세계적인 행사가 되었을까요?

크게는 세계박람회부터, 작게는 동네 슈퍼마켓의 진열대까지, 우리는 일상적으로 여러 가지 전시물들을 접하고 있습니다. 전시는 어떻게 건축과 연결되어 있을까요?

1851년, 영국 런던에서 세계 최초의 만국박람회가 개최되었습니다. 세계 곳곳에서 가져온 진귀한 물건과 여러 아름다운 구조물들이 전시된다는 박람회 소식은 영국 전역을 떠들썩하게 만들었고, 셀 수 없을 정도로 많은 사람들이 연일 방문해 대성공으로 끝났습니다.

19세기 영국은 세계에서 가장 부강한 나라였습니다. 18세기부터 전 세계적으로 제국주의가 확산되어가며 많은 식민지를 지배하게 된 영국은 '해가 지지 않는 나라'*라 불렸습니다. 이러한 요람 속에서 탄생한 것이 그 유명한 '산업혁명'입니다.

영국은 식민지인 인도에서 질 좋은 면화를 넘치도록 얻을 수 있었습니다. 게다가 17세기 후기부터 진행된 인클로저 운동으로 영국 본토에서는 풍부한 양모가 생산되고 있었습니다. 남아도는 양모와 면화를 손으로 일일이 가공하기 어려워 기계 동력을 빌어 베를 짜기 시작한 것이 산업혁명의 시초라고 앞에서도 설명했습니다.

원재료가 넘치고 기계로 만들어 생산 속도도 빨라지니 면직물과 모직물이 산더미처럼 쌓이기 시작했습니다. 영국 안에서만 소비하기에는 너무나 많은 양이었기에 영국이 아닌 외국에 수출해야만 하게 되었습니다.

산업혁명 이전까지는 자국에서 생산되지 않는 물건을 외국에서 사 오는 것이 무역의 거의 전부였습니다. 그래서 가장 인기 있는 품목은 인도의 코끼리 상아, 중국의 비단과 도자기 등 영국에서는 생산되지 않는 물건들이

*
당시 영국령 식민지였던 나라들의 일출과 일몰 시각을 계산해보면 영국령은 실제로 해가 지지 않았다.

었습니다. 그런데 양모와 면화는 영국뿐 아니라 전 유럽에서 생산됩니다. 프랑스에서도 생산되는 양모를 프랑스에 팔기 위해서는 보다 적극적인 수단이 필요했습니다. 영국의 양모가 프랑스의 양모보다 질이 좋고 값이 싸다는 것을 널리 홍보하고, 아울러 영국이 다른 나라들에 비해 문화적·경제적으로 훨씬 우수하다는 것을 보여줄 필요가 있었던 것입니다. 최초의 엑스포는 영국 문화의 우수성을 대내외에 널리 보여주는 수단으로서 탄생했습니다.

최초의 박람회인 런던박람회에서는 영국의 공산품 생산 능력을 과시해야 했습니다. 제품의 우수성은 물론 생산 능력과 기술을 보여주기 위해서는 무언가 새로운 볼거리와 환상적인 공간이 필요했습니다. 그리하여 지금까지 볼 수 없었던 새로운 형태의 공간이 탄생했으니, 박람회장이었던 수정궁Crystal Palace입니다. 거대한 철골로 구성한 뼈대에 유리를 끼워 건물 전체를 유리로 만든 이 건물은 마치 진짜 수정으로 만든 궁전 같아 보였습니다.

건물은 목재나 석재로 짓는 것이 전부였던 시절, 수정궁은 엄청난 화제가 되었습니다. 특히 '궁'은 귀족이나 왕족이 사는 곳으로 일반 시민들에게는 닫혀 있는 폐쇄적인 공간이었습니다. 수정궁은 투명한 유리로 궁을 지음으로써 '시민들의 궁전', '폐쇄적이지 않고 소통하는 궁전'이라는 메시지를 전달하고자 했습니다. 수정궁을 설계한 사람은 왕실 원예사였던 조지프 팩스턴Joseph Paxton, 1803~1865으로, 원예용 온실에서 아이디어를 얻었다고 합니다.

박람회 건물의 특징은 많은 사람들을 수용할 수 있을 만큼 크면서도 빠른 시간 안에 지었다가 박람회가 끝나면 곧 해체할 수 있어야

❶ 수정궁을 밖에서 구경하고 있는 사람들.
❷ 수정궁의 내부 광경을 스케치한 그림. 분수를 비롯해 온갖 진귀한 식물과 물건들이 전시되었다.

한다는 것입니다. 때문에 유리는 적절한 재료였습니다. 벽돌이나 석재로 건물을 지으면 튼튼하기는 하겠지만 짓는 시간도 오래 걸리고 해체도 어렵습니다.

당시 유리와 철골로만 건물을 짓는다는 것은 생각할 수 없는 일이었습니다. 수정궁을 지을 수 있었던 첫 번째 요인은 산업혁명으로 유리와 철의 대량생산이 가능해졌기 때문입니다. 즉 수정궁은 새로운 건축 기술을 자랑함과 동시에 유리와 철이라는 재료를 대량생산할 수 있게 된 영국의 기술력을 뽐낼 수 있는 장치였습니다.

유리로 지었기에 수정궁에는 햇빛이 그대로 반사·투과되었고, 그래서 건물 전체가 마치 수정처럼 빛나 말로 형언할 수 없을 정도로 환상적인 분위기를 만들어냈다고 합니다. 박람회가 끝난 뒤 수정궁은 해체되어 런던 남쪽 교외의 시드넘이라는 곳에 재건되어 보존되었지만, 아쉽게도 1936년에 화재로 불타버려 지금은 그 환상을 이야기로 전해 들을 뿐입니다. 수정궁은 이후 프랑스 에펠탑 건축에 영감을 주는 등, 19세기 건축 역사에 큰 영향을 미쳤습니다.

이후 1855년에는 파리에서 만국박람회가 열렸고, 1889년에는 프랑스혁명 100주년 기념 만국박람회가 파리에서 열리며 구스타브 에펠 Alexandre Gustave Eiffel, 1832~1923이 철골로만 만들어진 에펠탑을 건설했습니다. 에펠탑 역시 단순한 건축물이 아니라 신기술을 자랑하기 위한 구조물이었는데, 나중에 라디오 방송을 송출하기 위한 송전탑 용도로 변경되면서 에펠탑은 수정궁과는 달리 박람회가 끝난 후에도 철거되지 않고 그 자리에 남아 전 세계의 관광객을 끌어 모으고 있습니다.

지금도 엑스포 전시장에서는 자국의 과학기술을 보여주기 위해 여러 가지 환상적인 장면을 연출합니다. 엑스포란 본래 자국의 발달된 기술과 공산품을 과시하고 무역을 하기 위한 장치로 시작되었기 때문입니다. 현대의 엑스포에서는 자동차나 전자제품, 여러 가지 새로운 기술을 선전합니다.

자동차 엑스포에 가는 사람들은 대부분 자동차에 관심이 많은 사람들입니다. 어떤 새로운 자동차가 나올지, 어떤 새로운 기술이 등장했는지 보고 싶기 때문입니다. 그리고 신제품의 유혹이 크다면 구매로 이어질 수도 있습니다. 그러나 엑스포에서 전시되는 물건은 무척 규모가 크거나 고가이며, 물건을 사고파는 사람들 역시 대부분 개인이 아니라 기업, 혹은 국가입니다. 엑스포는 근본적으로 '무역'을 위한 행사이기 때문입니다.

다양한 물건들이 전시되어 있으며 전시물들을 구경하고 직접 구매할 수 있는 곳. 개인이 일상에서 이런 일들을 할 수 있는 장소가 있습니다. 백화점입니다. 엑스포가 국가 혹은 기업 차원의 대규모 전시라면 백화점은 규모가 작을 뿐, 그 본질은 엑스포와 같다고 할 수 있습니다.

백화점은 어떻게 생겨났을까?

잠시 백화점에 들렀다가 이것저것 둘러보니 의외로 시간이 많이 흘러버린 적 있나요? 한번 백화점에 들어오면, 사선에서 사선으로 이어지는 미로와 같은 내부 구조에서 빠져나가기가 쉽지 않습니다. 계속 백화점 안을 빙빙 들며 생각지도 않았던 물건을 사기도 합니다.

대부분의 백화점에는 창을 만들지 않으며, 또한 실내에 시계를 두지도 않습니다. 창이 있으면 창밖을 통해 시간의 흐름을 알 수 있어 자신이 그곳에서 너무 많은 시간을 보냈다는 것을 깨닫게 되기 때문입니다. 지하나 꼭대기 층에는 음식점을 만들어 배가 고플 때도 백화점 안에서 모든 것을 해결할 수 있게 만들었습니다. 그러다 보니 백화점에 '물건을 사러' 간다기보다는 '놀러' 가는 사람들도 적지 않습니다.

우리는 백화점이나 대형 할인점 등에 갈 때 꼭 그곳에서 물건을 사야 한다는 부담감을 가지지 않습니다. 물건을 사지 않고 구경만 하고 나와도 백화점의 점원은 "안녕히 가십시오, 감사합니다"라고 친절한 인사를 해줍니다.

그런데 19세기까지 이런 형태의 상점은 존재하지 않았습니다. 중세의 상점은 워크샵workshop, 즉 '공방'이라 불렸으며 물품의 제조와 판매까지 모두 이 안에서 이루어졌습니다. 옷, 구두, 빵 등등 각 제품을 만드는 장인은 자신이 만든 물품을 자신이 직접 판매했습니다. 이러한 중세의 상점은 상점이기 이전에 그의 작업장이고 집이었기 때문에 단순히 상품을 구경하기 위해 가게에 찾아가 기웃거리는 것은 실례였습니다. 섬세하고 까다로운 작업을 하는 사람들, 이를테면 의상 디자이너의 경우에는 사전에 미리 예약된 손님만을 받을 정도였습니다.

백화점이 생겨나기 직전, 파리 시내에는 '마가쟁 드 누보떼Magasin de Nouveates'라는 상점이 크게 유행했습니다. 이 이름에는 '새로운 형태의 상점' 혹은 '새로운 물건을 파는 상점'이라는 뜻이 담겨 있습니다. 상인 위주의 판매에서 소비자 위주의 판매로 전환을 꾀한 곳이 새로운 상점이 마가쟁 드 누보떼였습니다. 이 상점은 직접 상품을 만드는 것이 아니라 제작자들로부터 물건을 사들여 판매만을 전문적으로 하는 상점이었습니다. 유리 진열장을 이용해 파는 물건을 전시했으며, 한꺼번에 여러 가지 상품을 판매했습니다.

중세의 상점은 장인이 자신이 직접 만든 상품만을 팔았기 때문에 그저 한두 가지 물품만을 취급했습니다. 하지만 생산과 판매가 분리되자 상점 한 곳에서 판매하는 품목은 급격히 늘어나게 되었습니다. 이는 이전까지 상인들이 상상하지 못했던 파급효과를 가져왔습니다. 새 모자가 필요해서 상점을 방문한 여성이 그 옆에 놓인 새 양산과 장갑을 보고는 그것도 함께 구매하는 등, 계획에 없던 소비를 하는 사람이 늘어나기 시작한 것입니다.

당시 파리에는 이러한 마가젱 드 누보떼들이 줄을 지어 생겨났습니다. 마치 오늘날 서울의 명동 거리, 홍대 거리, 강남 거리처럼 몇몇 유명한 거리들도 생겨났습니다.

우리가 지금 유명한 거리에 가는 이유는 그 거리를 걸으면서 상품을 구경하고 때로 그 분위기에 취하고 싶어서입니다. 당시의 파리지앵들도 거리를 걸으며 사람을 만나고 상품을 구경했습니다. 이러한 파리 시민들의 발걸음을 물건 구매를 위한 동선으로 전환한 장치가 백화점입니다. 1850년 파리에 문을 연 '봉 마르셰Bon Marche 백화점'과 '쁘렝땅Printemps 백화점'은 세계 최초의 백화점입니다.

오늘날 백화점 정문에서 바로 보이는 정면에는 시기적 특징을 연상시키는 거대한 조형물이 있습니다. 1월이면 신년, 2월에는 졸업과 발렌타인데이, 3월에는 입학, 4월에는 봄, 5월에는 가정, 6월에는 여름, 그리고 7, 8월에는 해변과 휴가를 떠올리게 하는 조형물이 설치됩니

▶▶ 쁘렝땅 백화점의 전경.

다. 9월에는 추석, 10월에는 가을 맞이, 12월에는 크리스마스 분위기를 꾸미는 등 백화점에는 매월 행사가 열립니다. 11월에는 이렇다 할 행사가 없기 때문에 대개 유명 백화점들의 창립일은 11월인 경우가 많습니다. 행사를 만들기 위해 11월에 창립기념일을 둔 것입니다. 이처럼 백화점은 시기에 맞춰, 계절에 맞춰 새 단장을 하고 그에 맞춘 새 상품을 전시합니다.

백화점의 층별 구성은 어느 곳이나 서로 비슷합니다. 1층에는 화장품과 보석, 명품점이 있으며 2층에는 여성 정장, 3층에는 여성 캐주얼, 4층에는 남성복, 5층에는 아동복과 스포츠용품, 6층에는 생활전자제품, 7층에는 가구와 이불, 카펫 등이 입점해 있습니다.

이러한 구성은 단 한 가지 원칙에 따라 이루어진 것입니다. 바로 '단위 면적당 매출 이익'입니다. 한정된 실내 공간을 가능한 한 덜 차지하면서도 높은 이익을 가져다주는 제품일수록 낮은 층에 있습니다. 낮은 층일수록 사람들이 더 많이 방문하기 때문입니다.

그래서 1층에는 가장 부피가 작고 값비싼 보석, 시계, 화장품 등이 자리 잡습니다. 2층부터 여성복, 남성복, 아동복의 순으로 배치됩니다. 같은 여성복이라 해도 비교적 비싼 고급 브랜드가 중저가 브랜드보다 낮은 층에 입점합니다. 그리고 가장 높은 층에는 덩치 큰 가구, 가전 등이 입점하는 것입니다.

물론 이런 구성은 지역별로 약간씩 차이가 나기도 합니다. 강남의 일부 백화점에는 1층에 외국의 명품 브랜드 상점만이 즐비해 마치 공항의 면세점과 같은 인상을 풍깁니다. 한편 명동, 신촌 등 젊은이들이 주로 찾는 백화점에서는 1층에서부터 캐주얼 의류나 수영복, 스포츠용품 등을 판매하기도 합니다.

백화점은 1층부터 꼭대기 층까지 시원하게 뻥 뚫려 있으며, 각 층을 에스컬레이터가 사선으로 가로지르고 있습니다. 우리가 생각하는 건물 구성은 수직과 수평이 대부분입니다. 바닥은 수평으로 평평하고 기둥은 수직으로 곧게 서 있습니다.

때문에 그 법칙을 깨고 나타난 사선은 무언가 '평소와 다른' 느낌을 줍니다. 백화점을 비일상의 공간으로 만들어주고, 백화점 안을 흥미진진한 별세계로 만들어주는 장치입니다.

조그만 공간 안에 갇혀 빠르게 이동하는 엘리베이터와 달리 에스컬레이터는 개방된 공간에서 천천히 움직이기 때문에 층별로 이동하면서 아래층과 위층의 상품을 구경할 수 있습니다. 백화점에서는 동선을 길게 만들어 상품이 눈에 잘 띄게 하는데, 에스컬레이터 역시 수직 이동의 동선을 되도록 길게 만든 것이라 볼 수 있습니다.

앞서 엑스포는 자국의 발전된 문화와 기술을 과시해 공산품의 판매를 촉진하는 데 의의가 있다고 했습니다. 프랑스나 독일에도 모직과 면직물이 있지만 영국산 직물이 더 우수하고 값싸다는 것을 보여줌으로써 영국산 제품을 수입하도록 유도하려 했던 것입니다.

백화점도 마찬가지입니다. 백화점은 소비자가 꼭 필요한 물건만을 구매하도록 인도하지 않습니다. 전시와 구경을 통해 제품의 우수함을 끊임없이 인식시키고, 사람의 소유욕을 부추겨 충동구매를 유도합니다. 당장 필요한 물건은 아니지만 갖고 싶게 만들기 위해 일상과는 동떨어진 화려함을 연출합니다. 구경만 하다 가려고 백화점에 들어온 손님들은 다양한 유혹에 그만 지갑을 열고 맙니다.

그래서 백화점의 점원은 원칙적으로 손님에게 강매를 하지 않습니다. 물건을 사지 않고 구경만 하고 나가도 공손히 인사하고 감사를 표현합니다. 점원의 친절을 기억한 고객은 또다시 백화점에 올 것이며, 언젠가 그는 백화점의 다양한 행사와 전시에 이끌려 반드시 지갑을 열 것이기 때문입니다.

▓▓▓ 모델하우스의 화려한 쇼

현대사회에서 대부분의 집은 집주인의 뜻을 반영하여 설계를 하는 사용자 맞춤형이 아니라, 미리 지어놓은 주택을 둘러보고 구입하는 상품주택에 가깝습니다. 아파트는 대표적인 상품주택입니다.

옷과 화장품을 팔기 위해서는 백화점이라는 장치가 필요했습니다. 그렇다면 아파트를 팔기 위해서는 어떤 장치가 필요할까요? 아파트는 옷이나 화장품과 달리 그 규모가 아주 큽니다. 백화점에 아파트를 넣어놓을 수는 없는 일입니다.

그래서 각 건설회사들은 실제 판매할 집 내부를 똑같이 본떠 만든 '모델하우스model house'를 짓습니다. 많은 모델하우스들은 놀랍도록 화려하고 아름답습니다. 분명 같은 면적의 아파트인데도 실제보다 훨씬 넓고 안락해 보입니다. 혹시 평수가 더 넓거나 구조가 다른 것은 아닐까요? 그렇지는 않습니다. 하지만 모델하우스에는 아파트를 팔기 위한 장치가 곳곳에 숨어 있습니다.

모델하우스의 내부 인테리어는 철저한 색상 계획 아래 이루어집니다. 실내를 최대한 넓어 보이게 하기 위해 바닥재부터 벽지, 천장, 가구에 이르기까지 모든 색상을 모노톤^{monotone}, 즉 흰색·회색·검은색 등 단조로운 색으로 처리합니다.

대개 20평형대의 소형 평수에는 흰색이나 아이보리 등 가장 밝은 색상이 사용되며, 30평형대에는 밝은 갈색으로 안정감을 줍니다. 40~50평 이상의 대형 평수 아파트는 짙은 갈색 계열로 꾸며 중후한 분위기를 풍깁니다.

또한 여기에 실내를 더 넓어 보이게 하기 위해 투시도 효과를 줍니다. '진출색'과 '후퇴색'에 대해 알고 있나요? 진출색이란 실제 거리보다 가깝게 느껴지는 색을 말합니다. 명도에 따라 빨간색과 노란색은 파란색이나 녹색에 비해 가까이 있는 것처럼 느껴집니다. 밝은 색과 어두운 색을 비교하자면 밝은 색이 가까이 있는 것처럼 느껴집니다. 반면 멀리 있는 것처럼 느껴지는 파란색이나 녹색, 어두운 색을 후퇴색이라 합니다.

▶▶ 옅은 베이지색 사각형 안에 짙은 갈색 사각형을 배치하면 후퇴효과가 생겨 평면인 사각형이 입체적으로 보인다.(좌) 반대로 짙은 갈색 사각형 안에 옅은 베이지색 사각형을 배치하면 진출효과가 생긴다.(우)

이 효과를 이용하면 실내는 실제보다 더 넓어 보입니다. 예를 들어

바닥재와 벽지를 아이보리색으로, 침대 시트는 연한 갈색으로, 침대 위의 베개를 짙은 갈색으로 배치하면 바닥과 벽, 침대, 베개로 시선을 점점 멀리 옮겨갈 때 후퇴효과가 발생해 방이 더 넓어 보입니다. 이는 방 전체를 베이지색으로 통일하는 것보다 훨씬 효과적입니다.

또한 모든 모델하우스는 베란다를 거실 공간으로 확장해 거실을 실제보다 크게 만듭니다. '실제로는 베란다로 시공됩니다'라는 안내문이 조그맣게 붙어 있는데, 이는 거실을 넓게 쓰고 싶으면 각자 알아서 베란다를 거실로 확장하라고 말하는 것과 같습니다.

아파트의 베란다가 화재 시의 대피 장소로 이용된다는 것은 앞서도 말한 바 있습니다. 일반 소비자들이 베란다를 확장하려 해도 건설회사에서는 홍보를 통해 베란다의 용도와 필요성에 대해 설명하는 것이 안전을 위해 옳을 테지만, 대부분의 모델하우스는 오히려 보란 듯이 베란다를 확장하고 있습니다. 한두 평의 공간을 더 사용하기 위해 베란다를 확장하는 것은 특히 신중히 결정해야 할 문제입니다.

가구는 확장한 베란다, 출입문에서 대각선 방향에 둡니다. 방문을 열고 보면 시선이 저절로 가구 쪽으로 향합니다. 출입문에 서서 사선 방향을 바라보므로 방이 넓어 보입니다. 또한 모델하우스에 장식하는 가구는 실제 우리가 사용하는 가구보다 조금 작습니다. 실제 크기의 약 95% 정도로 축소 제작된 가구이지만, 그 차이가 육안으로 쉽게 알 수 있을 정도는 아니기에 사람들은 잘 알아차리지 못합니다. 다만 상대적으로 공간이 더 넓어 보이는 효과를 낼 뿐입니다.

아울러 모델하우스에는 언제나 신발을 벗고 납작한 실내화로 갈아신은 뒤에 들어갈 수 있습니다. 이런 규칙 역시 공간심리학을 이용한

예입니다.

사람은 처음 가본 공간, 낯설고 잘 알지 못하는 공간에서는 심리적으로 위축되어 그 공간을 실제보다 크고 장엄하게 느낀다고 합니다. 초등학교에 처음 입학한 아이는 낯선 학교에 위압감을 느껴 그곳을 매우 크다고 생각하지만, 학교에 익숙해질수록 점점 평범한 크기로 인식하게 됩니다. 그리고 졸업을 한 다음 학교에 대해 잘 알고 있는 상태에서 다시 방문하면 기억보다 훨씬 좁아 보이게 되는 것입니다. 어린 시절에 놀았던 놀이터나 학교 운동장에 많이 자란 다음 다시 가보면 생각보다 좁고 작아 깜짝 놀랄 때가 있습니다.

또한 어린 시절에는 키가 작아 모든 것을 올려다보기 때문에 모든 것이 실제보다 크게 느껴집니다. 아이들은 보폭도 작습니다. 보폭이 작으면 공간은 넓어 보입니다. 똑같은 9미터를 걷는다 치면 보폭이 60센티미터인 어린이의 걸음으로는 열다섯 걸음, 보폭이 90센티미터인 어른의 걸음으로는 열 걸음이 필요합니다. 체감 거리는 보폭이 작을수록 크게 느껴집니다. 모델하우스에 방문하는 사람들에게 납작한 실내화를 신게 하는 이유는 실내를 깨끗하게 유지하기 위해서이기도 하지만, 몇 센티미터라도 눈높이를 낮추고 보폭을 작게 하기 위해서입니다.

마지막으로, 모델하우스에는 가사노동을 연상시키는 소품을 배치하지 않습니다. 여성의 사회적·경제적 지위가 올라가면서 아파트의 주된 판매 공략 대상도 점점 여성에게 치중되고 있습니다. 그렇기 때문에 모델하우스는 여성들이 보기에 매력적이어야 합니다.

그래서 모델하우스에서 가장 세심하게 관리되는 부분이 주방과 욕실입니다. 모델하우스 주방에는 된장 뚝배기, 김치 항아리, 커다란 냄비 등을 절대 가져다놓지 않습니다. 이런 소품들은 김치를 담그고 국을 끓이는 등의 가사노동을 떠올리게 하기 때문입니다. 대신 식탁 위에는 꽃이 장식되어 있고 과일과 빵, 주스 등 별다른 손질 없이 그대로 먹기만 하면 되는 음식들이 놓여 있습니다.

욕실과 화장실 역시 우리가 아는 생활 공간으로서의 화장실과는 달리 온통 꽃으로 장식되어 있습니다. 옷가지 역시 빨랫줄이나 겉으로 드러난 어딘가에 걸려 있지 않습니다. 밖으로 드러나 있는 옷은 그것을 빨고 정리하는 노동을 연상시키기 때문입니다. 모델하우스의 소품용 옷들은 항상 옷장 안에 단정히 걸려 있습니다. 이처럼 모델하우스는 보이지 않는 손에 의해 철저히 계획되고 관리됩니다.

엑스포 전시장, 백화점, 모델하우스. 전혀 연관이 없어 보이는 이 건물들은 마치 한 가지에 핀 여러 송이의 꽃처럼 같은 원리에 의해 계획된 건물입니다. 그 원리는 바로 '과시'입니다.

이들은 보여주고자 하는 대상을 실제보다 더 크고 화려하며 아름답게 보이도록 꾸밉니다. 그래서 모든 것을 사실적으로 보여주기보다는 감추고 싶은 것은 은근슬쩍 가리고, 강조하고 싶은 것은 더 과장해서 보여줍니다.

최초의 엑스포는 영국의 문화와 기술력이 얼마나 뛰어난지, 영국에서 생산한 물건이 얼마나 우수한가만 보여주었을 뿐, 그 부의 원천이 식민 지배를 통해 얻는 원재료와 공장 근로자의 값싼 노동력에 기반하고 있음을 결코 보여주지 않았습니다.

백화점은 물품을 구매하기 위해서는 소비자가 경제적인 손실을 입을 수밖에 없다는 사실을 잊게 만들기 위해 노력합니다. 지출에 뒤따를 수 있는 죄책감과 걱정 등을 흐리게 만들기 위해 백화점은 항상 일상과 동떨어진 떠들썩한 축제 분위기를 연출합니다. 쉴 새 없이 흘러나오는 음악, 한없이 친절한 점원의 응대, 어딜 가나 한 점 흐트러짐 없이 정리된 실내……. 이 모든 것들은 '여기서 이 물건을 구매하면 너의 생활도 지금 이 분위기처럼 행복하고 아름다워질 것'이라는 생각을 주입시키기 위한 것입니다.

모델하우스 역시 마찬가지입니다. '집'이라는 상품을 구매하면 구매자의 생활이 행복하고 안락해질 것이라는 기대를 만들어내기 위해 '집'이라는 생활 공간에 담긴 또 하나의 진실을 결코 보여주지 않습니다. 집은 살다 보면 곧 지저분해진다는 것, 끊임없이 쓸고 치우고 닦고 여러 가지 값비싼 가구를 배치해 꾸며나가야만 지금 보는 모델하우스와 같은 집으로 완성될 수 있다는 것, 그리고 집을 구매하는 데 드는 총 금액 등은 결코 드러내지 않습니다. 이 모든 장치는 오직 상품을 판매하기 위해서입니다. 이처럼 우리 눈에 보이는 것들은 때때로 누군가가 보여주려 하는 것에 한정되어 있습니다.

시대의 상징이 되다

역사의 건축

그리스 아테네와 프랑스 파리는 세계에서 가장 유명한 관광지 중 하나입니다. 아테네를 방문한 사람들은 고대 그리스 유적인 파르테논 신전을, 그리고 파리에 간 사람들은 노트르담 성당과 베르사유 궁전, 루브르 궁전을 빼놓지 않고 관람합니다.

우리나라에 오는 해외 관광객들 역시 경복궁과 종묘를 놓치지 않습니다. 해외까지 가지 않더라도 우리는 국내여행을 통해 때때로 고궁이나 오래된 사찰을 방문하고는 합니다.

특별한 행사가 있는 것도 아니고 전시된 상품이 있는 것도 아닙니다. 그런데 왜 이토록 많은 사람들이 오래된 건물을 보러 가는 것일까요?

그런데 이러한 건물들에는 눈치 채기 힘든 특징이 있습니다. 고대에 지어진 신전, 중세에 지어진 성당과 사찰, 그리고 근세에 지어진 궁전이 관광지로 쓰이고 있다는 점입니다. 고대와 중세에도 궁전은 지어졌지만 그 건물들이 문화재로 지정되어 남아 있지는 않습니다. 또한 지금도 성당과 교회는 지어지지만 역사에 길이 남을 기념비적인 건축은 되지 못합니다. 그 이유는 무엇일까요? 그리고 앞으로는 어떤 건축물들이 역사에 길이 남게 될까요?

신석기 시대, 농업혁명이 일어나며 농기구와 곡물 재배법 등이 발달하자 식량의 양이 급속히 증가했습니다. 그러자 모든 사람이 수렵과 농경에 매달릴 필요가 없어졌습니다. 식량 생산을 위한 일에서 벗어난 몇몇 이들은 최고 권력자, 곧 왕이나 부족장의 비호를 받으며 그를 위한 일에 종사했습니다.

전문적인 건축가가 생기기 시작한 것도 이때쯤일 것이라 추측되고 있습니다. 비슷한 시기, 역사에 남을 만한 최초의 건축물도 탄생했습니다. 바로 부족장의 무덤으로 지어진 '고인돌'입니다.

전 세계 고인돌의 약 40%가 한국에 있을 정도로 우리나라에는 고인돌이 많습니다. 기계가 없던 시절, 커다란 돌덩이를 옮겨 와 세우기까지 그 과정을 계획하고 총괄했던 누군가가 있었을 것입니다. 많은 사람들을 고된 노동에 투입해 부릴 수 있었다는 데서 그가 가진 권력의 크기를 짐작할 수 있습니다.

고대에 지어진 건축물의 특징은 거대한 돌덩이를 쌓아 올린 구조물이 많다는 것입니다. 이런 건축물들 중 가장 크고 웅장하게 다듬어진 예가 이집트의 피라미드입니다. 인류 역사상 가장 왕권이 강력했던 나라는 왕과 신을 동일시했던 고대 이집트와 마야 왕국인데, 두 문화권 모두에서 피라미드가 지어졌습니다.

한편 메소포타미아Mesopotamia, 서아시아 유프라테스 강과 티그리스 강의 주변, 현재의 이라크를 중심으로 시리아의 북동부, 이란의 남서부를 포함하는 지역에서 왕은 신과 인간의 중간자였습니다. 역사상 가장 오래된 이야기이자 메소포타미아

❶ 이집트 제4왕조의 피라미드.
❷ 이라크 우르에 있는 지구라트.

의 신화를 담은 『길가메시 서사시』에서는 왕을 반신반인半神半人이라고 표현합니다. 왕을 여신과 인간 남자 사이에서 태어난 자라고 믿었기 때문입니다.

그래서 이 지역에는 왕의 무덤 대신 신에게 제사를 지내던 신전이 남아 있습니다. 이를 지구라트Ziggurat라고 하는데 피라미드와 비슷하게 생겼지만 윗부분이 평평합니다. 흔히 '바빌론의 공중정원'*이라 불리는 것이 이것인데, 엄밀히 말해 이 정원은 공중정원이라기보다 옥상정원이었습니다. 공중정원에는 사시사철 아름다운 정원이 가꾸어졌고 특별히 선별된 무녀들이 생활했다고 합니다. 왕은 매년 정월에 공중정원에 올라가 무녀들과 함께 15일의 시간을 보냈는데 이 과정에서 태어난 아이만이 반신반인으로 인정되어 왕이 될 수 있었습니다.

구약성경에 등장하는 '하늘까지 닿을 수 있는 건축물을 만들려다가 신의 노여움 끝에 벼락을 맞아 파괴되었다'는 바벨탑도 지구라트를 가리키는 것이라 짐작됩니다. 단순히 높은 건축물을 만들었다고 해서 신의 벼락을 맞을 리는 없습니다. 메소포타미아 문명권에서는 왕이 곧 신이었고, 지구라트는 인간인 왕이 '신의 힘'으로 세우는 건물로 여겨졌습니다. 때문에 하나님만이 유일한 신이라 주장하는 기독교에서는 지구라트를 부정한 것입니다.

인더스 문명이 융성했던 인도 갠지스강 유역에서는 왕궁이나 신전 대신 서민들의 주거 유적지가 큰 단위로 발굴되었습니다. 이를 보고 건축학자들은 4대 문명 중 인더스 문명이 가장 민주적이었을

*
기원전 5백 년경 신바빌로니아의 왕이었던 네부카드레자르 2세가 왕비 아미티스를 위해 수도 바빌론에 건설했던 정원이다. 높이 솟아 있는 건물 위에 만들어 '공중정원'이라고 불렸다. 비가 거의 오지 않는 지역이었기에 정원의 맨 위에 커다란 물탱크를 만들어 유프라테스 강의 물을 펌프로 길어 올린 다음 그 물을 다시 펌프를 이용해 각 층에 공급했다.

▶▶ 벨기에 플랑드르 출신 화가 피테르 브뢰헬(Pieter Bruegel, 1525년경~1569)이 그린 바벨탑의 상상도.

것이라 추정합니다.

어느 시대를 막론하고 가장 많이 지어지는 건물은 서민들이 사는 집입니다. 하지만 서민들의 주택은 값싼 재료와 조야한 기술로 지어지기 때문에 금방 낡아 사라져버립니다. 인더스 문명의 서민 주거지가 아직도 남아 있다는 것은 서민 주택을 짓는 데도 벽돌이라는 고급 재료와 정교한 기술이 사용되었기 때문입니다.

민주주의의 효시라 알려진 그리스의 도시국가에서조차 가장 유명한 건물은 그 도시를 지켜주는 수호신의 신전이었습니다. 고대 국가에서는 왕권보다 신권이 더 중요시되었고, 그래서 유적으로 궁전보다 신전이 더 많이 남아 있는 것입니다. 고인돌이나 피라미드 역시 그 시대에는 단순히 왕의 무덤이라기보다 신전에 가까웠습니다. 그 시대에는 왕이 곧 신의 현신이라 생각했기 때문입니다.

로마 시대의 기념비적 건물들은 콜로세움으로 대표되는 전차 경주장과 대형 목욕장입니다. 로마의 통치 세력은 일용할 빵, 즉 굶주리지 않을 음식과 약간의 오락거리만 제공하면 시민들이 특별한 불만 없이 지낸다는 것을 일찍이 간파했습니다. 로마제국은 원칙적으로 공화정을 표방했기 때문에 신전이나 왕궁을 짓지는 않았지만, 시민들이 정치에 관심을 가지지 않도록 다양하고 많은 즐길 거리를 제공했습니다. 그러기 위해서는 오락을 마음껏 즐길 수 있는 건물이 필요했습니다. 전차 시합, 인간과 인간의 대결, 인간과 짐승의 대결이 펼쳐지던 콜로세움, 콜로세움에서 경기를 관람하며 흘린 땀을 시원하게 씻어낼 대형 목욕장, 전쟁을 승리로 마친 개선장군이 입성하는 순간을 더욱 극적으로 연출해 애국심을 끓어 넘치게 만들던 개선문 등이 모두 로마의 건축들입니다.

로마가 남긴 또 하나의 유산은 분수입니다. 지금도 로마 시내 곳곳에는 유독 분수가 많습니다. 분수는 본래 로마 시민들이 물을 마시던 음수대입니다.

고대에는 물이 귀했습니다. 지금처럼 수도만 틀면 깨끗한 물이 나오는 시대가 아니었기에 멀리 떨어진 강이나 샘까지 물을 길러 가야 했고, 그나마 직접 마실 물은 아무 데서나 길어 올 수 없었습니다. 물을 도시로 끌어오는 것은 최첨단 기술이었습니다. 로마제국은 식민지를 점령하면 제일 먼저 그 식민지에 분수를 설치해 시민에게 손쉽게 얻을 수 있는 식수를 제공하는 것으로 시혜를 베풀었습니다. 때로 분수를 설치할 수 없는 곳에는 수도교水道橋, water bridge를 세웠습니다. 이는 요즘의 고가도로와도 비슷한데, 위쪽에 물을 끌어오기 위한 관을 설치하고 그 아래로 사람과 마차가 지나다녔습니다.

로마는 일찍이 콘크리트를 발명했기 때문에 현대와 비슷한 교량을 건설할 수 있었습니다. 이후 로마제국이 멸망하고 중세 시대가 지속되면서 교량 건설 기술도 잠시 잊혀지게 됩니다. 중세 사람들은 로마의 교량 건설 기술과 그 용도를 몰랐기 때문에 인간이 아닌 악마가 건설한 것이라 하여 유럽 곳곳에서 볼 수 있는 로마의 수도교를 '악마의 다리'라 불렀습니다.

9세기경부터 15세기 초 정도까지를 가리키는 '중세' 유럽은 기독교가 일상을 지배했습니다. 따라서 이 시대를 상징하는 건축물은 단연 성당입니다. 독일의 쾰른 대성당, 파리의 노트르담 대성당, 영국의 웨일스 대성당 등 우리가 알고 있는 유명한 대성당은 모두 이때 지어졌습니다.

지금 보아도 대성당들의 규모는 어마어마합니다. 성당은 당시의 초고층 건물이었습니다. 중세 사람들은 오늘날 우리가 60~70층짜리 초고층 빌딩을 보는 기분으로 대성당을 보았을 것입니다. 어두컴컴하고 긴 복도는 가난하고 피로한 삶을 은유했고, 높고 밝은 천장은 천국을 상징했습니다. 이 둘의 대비는 신의 위대함과 인간의 왜소함을 깨닫게 했습니다.

들어서는 순간 분위기에 압도되는 이 고딕 양식의 건물들은 서양 건축사에서 빼놓을 수 없는 주제입니다. 서양 건축사는 곧 종교 건축사라는 말이 있을 정도로, 서양 건축의 90%는 바로 중세의 성당이 차지합니다.

하지만 엄격한 종교 원칙이 사회를 지배했던, 그래서 '암흑의 시대'라고까지 일컬어지던 중세에도 끝이 왔습니다. 뒤이어 르네상스Renaissance*의 새벽이 시작되었습니다. 긴 중세 동안 너무나 '신'만을 바라보고 살았던 탓일까요? 그 반작용으

*
14~16세기에 일어난 문화 운동. 부활과 재생이라는 뜻을 가지고 있다. 종교 사상과 봉건 제도로 인간성과 개인의 창조성을 억압하는 문화에서 벗어나, 인류 문화의 절정기였던 그리스 로마 시대, 즉 고대로 돌아가자는 운동이다. 문화·예술·정치·과학 등 사회 전반적인 영역에 영향을 미쳤다.

로 르네상스 시대의 사람들은 다시 '인간'으로 돌아가야 한다고 외쳤습니다.

신의 뜻과 기적에서 벗어나, 인간의 몸과 인간 사회의 인간적 원리에 대해 이야기하기 시작하자 과학기술이 발달했습니다. 지구가 둥글다는 것도 몰랐으며, 바다로 계속 나아가다 보면 언젠가 지옥으로 떨어지게 된다는 믿음을 가졌던 사람들에게 과학적 시각이 열리면서 해운 항로가 개척되기 시작했습니다. 유럽 각국은 배를 몰고 이제까지 가본 적 없는 다양한 나라에 다다라 그곳들을 식민지로 삼는 데 열을 올렸습니다. 그 과정에 축적된 막대한 국부는 전제군주의 탄생을 부릅니다. 중세 시대에는 왕 역시 교황 등 종교 지도자의 의견에 따라 행동해야만 했습니다. 왕의 행동이 종교 원칙에 위배된다 여겨질 경우 교황은 왕을 파문할 수도 있었습니다.

왕과 교황의 세력 다툼을 가장 잘 보여주는 역사적 사건이 있습니다. 11세기, 교황은 교회를 개혁하기 위해 종교적 원칙과 교황의 권리를 강화하기로 결심했습니다. 교황은 그 전까지 왕이 가지고 있던 '주교 임명권'을 넘겨달라고 말했는데, 신성 로마제국의 황제였던 하인리히 4세는 이 권한을 교황에게 넘기기를 거부했습니다. 그는 그레고리우스 7세를 인정할 수 없는 가짜 성직자라고 비난하며 교황 자격을 폐위하였습니다.

그러자 그레고리우스 7세는 회의를 열어 황제 하인리히 4세의 파문과 폐위를 선언해, 둘은 누가 더 권력이 강한지를 겨루는 맞대결을 하게 되었습니다. 결국 대세는 그레고리우스 7세에게 기울어 다음 황제 후보가 준비되는 등, 하인리히 4세는 정말로 왕좌에서 쫓겨날 상황에

▶▶ 카노사의 굴욕을 표현한 그림. 하인리히 4세가 카노사 성 앞에 맨발로 무릎을 꿇고 앉아 있다.

이르렀습니다. 하인리히 4세는 부랴부랴 교황에게 항복 문서를 보냈지만 교황은 문서를 받아들여주지 않았습니다. 결국 하인리히 4세는 이탈리아 북부 카노사 성에 머무르고 있던 교황을 직접 찾아갔습니다. 추운 겨울 알프스 산의 고갯길을 넘어 카노사 성에 도착한 황제는 눈 속에서 맨발로 3일간 서서 교황을 기다린 후에야 마침내 교황을 만나 사면을 받을 수 있었습니다.

하지만 르네상스 시대에 이르러서는 강성해진 경제력을 바탕으로 왕권이 교황권을 능가하게 됩니다. 왕들은 더 이상 교황의 파문을 걱정할 필요가 없었습니다. 절대 권력은 곧 호화 궁전 건립으로 이어졌습니다. 세계에서 가장 화려한 건축물로 일컬어지는 러시아의 예르미타시 궁전현재의 예르미타시 미술관, 프랑스의 루브르 궁전현재의 루브르 박물관,

▶▶ 베르사유 궁전의 외부 모습(위), 내부 모습(아래). 태양왕이라 불렸던 루이 14세가 건설한 베르사유 궁전은 훗날 국민들에게 절대 왕정의 부패와 억압의 상징처럼 여겨져 프랑스 대혁명의 도화선이 되었다. 왕정이 무너진 후 이제는 대중을 위한 박물관이 되었다.

베르사유 궁전이 모두 이 시기에 지어졌습니다.

부강해진 왕권을 한껏 자랑하듯 지어진 화려한 궁전들은 얼마 지나지 않아 반발에 부딪혔습니다. 부유한 왕과 귀족들과는 달리 나날이 빈곤해지던 국민들이 폭정과 생활고 등을 참지 못하고 혁명을 일으킨 것입니다. 절대 왕정은 붕괴되고 시민의 시대가 열렸습니다.

영국의 명예혁명과 프랑스 대혁명을 이끌었던 주역은 귀족도 농민도 아닌 새로운 시민 계급이었습니다. 이들은 부유한 상인, 지방의 부농, 도심의 전문직 종사자들로 영국에서는 젠틀맨Gentleman, 프랑스에서는 부르주아지라 불리던 신흥 계급이었습니다. 왕실 권력을 무너뜨린 이들은 왕궁을 시민을 위한 건축물로 재탄생시켰습니다. 궁의 문을 열고 왕실 소장품을 공개해 박물관을 만들었고, 귀족과 왕족의 서재를 보통 사람들에게 개방해 도서관을 만들었습니다. 도서관, 박물관 등 우리가 자주 이용하는 공공시설은 본래 근세의 왕실이 소유했던 것을 시민도 향유할 수 있게 한 데서 시작된 것입니다.

우리나라도 다르지 않습니다. 지금까지 남아 있는 유명한 사찰은 통일신라와 고려 시대에 지어진 것이고, 유명한 궁궐은 조선 시대에 지어진 것입니다. 삼국 시대, 고려 시대에도 왕과 궁궐은 있었습니다. 그러나 분황사, 불국사 등 그 시대의 사찰만 남고 궁궐은 남아 있지 않은 이유는 왕권이 신권을 능가하지 못했기 때문입니다. 중세 시대는 신권이 왕권보다 앞섰기 때문에 그 시대의 가장 우수한 기술과 재료는 사찰을 짓는 데 쓰였고, 궁궐은 단순히 왕의 거처 기능을 하는 건물로서 만들어져 시간이 흐르며 자연스럽게 소멸되었습니다..

궁궐이 행정 중심지로 떠오른 것은 왕권이 강력해지기 시작한 조선 시대부터의 일입니다. 조선은 당시로서는 합리적이고 현실적인 유교 이념을 근간으로 한 나라였기 때문에 왕궁과 종묘를 짓는 데 치중했습니다. 또한 무속과 불교를 배척하고 성현과 조상에 대한 제사만을 인정했기 때문에 사당과 서원이 종교 건축에 준하는 건물로 여러 군데 지어졌습니다.

서원이나 향교는 지방 교육기관일 뿐 아니라 성현의 위패 등을 모시고 제사를 올리는 곳이었으며 각 지역의 문화 중심 공간이기도 했습니다. 중세 서양에서는 수도원이 젊은 남성들의 중등 교육을 담당했습니다. 그러나 수도원의 가장 중요한 목적은 어디까지나 신을 모시는 것이었습니다. 향교 역시 성현에 대한 제사가 가장 중요한 목적이며 교육은 2차적인 목적이었습니다. 지방에 향교를 배치한 이유는 유교라는 지배 이념을 지방 곳곳에까지 전파시키기 위해서이기도 합니다.

조선 중기 이후, 양반 계층은 집안의 재산과 기득권을 지키기 위해 재산을 장남에게만 상속하는 단독 상속 관습을 강화했습니다. 이는 결국 재산 축적을 심하게 만들어 거대 권력 가문이 탄생하는 배경이 되었습니다. 이른바 '종가'가 등장하게 된 것입니다. 종가란 한 문중에서 맏이로만 이어져 온 큰집을 뜻합니다. '종갓집'이라고도 부릅니다.

이렇게 지방의 거대 종가가 등장하면서 각 가문의 조상을 모시기 위한 개인 사당이 건립되기 시작했습니다. 본래 사당이란 유교의 성현이나 국가의 공신을 배향하는 공간입니다. 그런데 조선 후기 문중이 세력을 얻으면서 단순히 조상을 기리기 위한 사당을 개인의 집에 두기 시작한 것입니다.

동시에 서원이라는 사교육 기관도 생겨났습니다. 공립 지방 교육

기관인 향교가 있었음에도 불구하고 개인의 재산으로 세운 서원이 늘어났다는 것은 지방 거대 문중의 세력이 비대해졌다는 것을 의미합니다.

조선 후기 왕권 강화를 꾀했던 흥선대원군이 서원 철폐 운동을 벌인 이유도 여기에 있습니다. 조선 시대 서원은 그 자체가 왕권 약화를 뜻하는 장소였던 것입니다. 종가, 사당, 서원 등은 조선 초기 유교 이념이 변질되기 시작하던 조선 후기에 만들어진 독특한 건물들이며, 이들은 지금까지도 주요 지방문화재로 지정되어 있습니다. 이렇듯 역사적으로 길이 남는 건축물은 당시의 권력관계, 지배담론을 철저히 반영하고 있습니다.

산업사회의 귀족은 자본가?

시민사회, 산업혁명기의 가장 큰 특징은 거대 자본가가 등장했다는 점입니다. 자본가란 산업혁명 이전까지는 존재하지 않던 계층입니다. 이전까지 사회의 부는 왕족과 귀족이 독점하고 있었습니다. 그리고 이들의 특징은 광대한 토지를 소유하고 있다는 점이었습니다. 소유한 토지에서 거두어들이는 농지세가 그들 부의 기반이었던 것입니다.

그러나 자본가는 토지를 기반으로 부를 쌓지 않습니다. 대신 그들은 공장을 소유했고, 그것이 곧 현재의 거대기업이 되었습니다.

20세기, 자본주의 시대가 시작되며 새로이 등장한 이들은 과거 성직자나 왕족을 대신하여 도심 한복판에 기념비적인 건물을 세우기

▸▸ 뉴욕에 있는 크라이슬러 빌딩. 1930년에 완공되었으며, 엠파이어스테이트 빌딩이 세워진
1931년 전까지 세계에서 가장 높은 건물이었다.

시작했습니다. 20세기는 건축기술이 비약적으로 발전을 거둔 때이기도 합니다. 발달한 건축기술과 거대자본의 결합은 초고층 빌딩을 탄생시켰습니다. 도시에 고층 빌딩이 만들어지기 시작한 것은 1920년대 미국 시카고에서부터입니다. 당시의 건물들은 철골로 세워졌고, 가장 높은 건물이 30~40층 정도였습니다.

고층 빌딩은 단순한 건물이 아니었습니다. 자본가들의 재력을 과시하기 위한 수단으로 이용되었기 때문입니다. 대표적인 빌딩이 크라이슬러 빌딩과 맨하탄 은행 빌딩입니다. 두 빌딩은 '가장 높은 빌딩' 자리를 놓고 경쟁을 벌였는데, 그래서 크라이슬러 빌딩의 설계자는 완공 직전까지 설계도를 외부에 공개하지 않았습니다. 그리고 건축 마무리 단계에 뾰족한 철탑을 가장 꼭대기에 올림으로써 맨하탄 은행 빌딩의 높이를 앞서게 되었습니다.

경쟁 무대를 시카고에서 뉴욕으로 옮긴 초고층 빌딩들은 뉴욕을 세계에서 가장 높은 마천루로 장식했습니다. 킹콩이 금발의 미녀를 손에 쥐고 올라갔던 엠파이어스테이트 빌딩, 9·11테러의 희생양이 된 110층짜리 세계무역센터 빌딩 등이 모두 초고층 빌딩에 해당합니다. 영화 〈킹콩〉에서, 거대한 유인원인 킹콩은 금발의 미녀를 사랑하여 그녀를 손에 쥐고 엠파이어스테이트 빌딩으로 올라갑니다. 일부 평론가들은 킹콩이 유색인종, 혹은 제3세계의 사람들을 상징한다고 비평하기도 합니다. 금발 미녀를 사랑하여 그녀를 손에 쥐고 고층 빌딩으로 올라가는 장면을 제3세계 사람들이 미국의 경제적 성공을 부러워하며 고층 건물을 지으려는 장면에 빗대기도 합니다. 아닌 게 아니라 고층 빌딩의 높이 경쟁은 1970년대 이후 개발도상국가로 그 무대를 옮기게 됩니다.

일반적으로 초기 산업사회에서는 건물의 높이와 규모를 중시하다
가 후기 산업사회로 접어들수록 점차 문화적 수준이나 질을 중시하
게 됩니다. 우리나라도 동양 최대 규모의 체육관, 동양 최대 규모의
놀이공원 등을 줄줄이 짓던 때가 있었습니다. 지금은 철거된 인천 선
인체육관은 1970년에 세워질 당시 동양 최대 규모의 체육관이었으며,
아직도 그 자리를 지키고 있는 어린이대공원은 1973년 문을 열 당시
동양 최대 규모의 놀이공원이었습니다.

이처럼 '규모의 건물'이 활발히 세워졌던 것은 새마을운동의 깃발
을 펄럭이며 숨 가쁘게 경제 성장을 위해 달리던 1960~1970년대의
일입니다. 31빌딩이나 63빌딩처럼 그 층수를 건물의 이름에 붙일 만
큼 높은 건물을 올리는 데 집중했던 시기입니다. 2000년대 이후 이러
한 현상은 말레이시아를 비롯한 남아시아 지역과 중동 등 서남아시
아의 신흥 국가로 옮겨 갔습니다.

63빌딩보다 더 높은 건물을 일상적으로 짓고 있는 지금은 더 이상
건물 이름에 층수를 붙이지 않습니다. 우리나라도 이제 눈에 보이는
규모보다는 질을 좀 더 우선시하는 후기 산업사회로 접어들었기 때
문입니다.

자본주의 시대의 신흥 귀족 집단이라 할 수 있는 대기업의 사옥들
은 도심 한복판에 위용을 자랑하듯 우뚝 선 높이를 자랑하며 줄줄
이 늘어서 있습니다. 중세에는 성당이, 근세에는 궁전이 최고의 건물
이었다면 근대의 최고 건축물은 단연 대기업 사옥입니다. 기업 건물
은 곧 기업의 이미지를 나타내는 살아 있는 광고판입니다. 때문에 모

든 기업들은 재정적 바탕이 견실하고 앞서나가는 기업임을 강조하기 위해, 값비싼 재료와 최신 디자인, 첨단 건축기술을 아낌없이 사용해 사옥을 짓습니다. 이들은 교통이 좋은 요지에 자리 잡은 것으로도 모자라 건물 앞에 넓은 공지를 두어 분수대와 조각상, 벤치 등이 있는 쉼터 공원까지 제공하고 있습니다. 로마가 시내에 분수를 설치하여 시민에게 식수를 제공하는 것으로 시혜와 권위를 표현했듯, 대기업들은 비싼 땅을 시민에게 무상으로 제공하며 거대 자본을 자랑하는 것입니다.

서울 거리 및 대도시들의 건물들은 점점 고층화되고 있습니다. 이는 땅값이 비싼 대도시에서 피할 수 없는 현상입니다. 일반적으로 빌딩의 높이는 땅값에 비례하기 때문에 땅값이 비쌀수록 건물이 높아집니다. 가능한 한 많은 사람이 이용할 수 있어야 비싼 값을 치른 땅값이 아깝지 않을 텐데, 같은 값으로도 도시에서는 면적이 좁은 땅밖에 살 수 없으니 대신 건물의 높이를 올려 사람들을 많이 수용하려는 것입니다.

그래서 헬리콥터를 타고 서울 강남의 거리를 내려다보면 재미있는 현상을 발견할 수 있습니다. 지하철 2호선이 지나는 강남대로의 땅값은 매우 비싸고, 그중에서도 특히 지하철역 부근이 가장 비쌉니다. 따라서 건물의 높이 역시 지하철역 부근에서 가장 높아졌다가 역에서 멀어지면서 점점 낮아지고, 그 다음 역에서 다시 높아집니다. 지하철이 어디로 달리고 있는지 또한 지하철역이 어디인지를, 물결치는 듯한 건물의 높이만으로 가늠할 수 있습니다.

앞서 어느 시대에나 가장 많이 지어지는 건물은 일반 서민들의 주택이지만 유적으로 남기 가장 어려운 건물 역시 일반 서민의 주택이라고 말했습니다. 값싼 재료로 지어져 내구력이 없기 때문입니다.

이제 경제적 수준은 사람의 수명까지 좌우합니다. 세계적으로 평균 수명이 짧은 나라들은 주로 아프리카의 가난한 나라들입니다. 반면 평균 수명이 긴 나라들은 일본과 유럽을 비롯한 선진국들입니다.

이러한 현상을 건축물에 적용하면 그 수명의 차이가 더 확연해집니다. 지금 내가 살고 있는 아파트는 30~40년 후에는 철거되고 없을 테지만 가장 값비싼 재료로 공들여 지은 고층 빌딩들은 일부러 철거하지 않는 한 적어도 몇 백 년은 거뜬히 자리를 지킬 것입니다. 신이 최우선 가치였던 고대의 신전과 중세의 성당이 아직도 남아 있고, 왕이 최우선 가치였던 근세의 궁전이 아직도 남아 있듯이, '자본'이 최우선 가치인 자본주의 사회에서는 자본을 지배하는 기업의 사옥이 가장 오랫동안 남는 것입니다.

전 세계 관광객을 끌어모으고 있는 아테네의 신전, 파리의 노트르담 성당의 나이는 이미 1천 살을 넘어서고 있습니다. 지금 시내에 나가 거리를 둘러봅시다. 주변에서 찾아볼 수 있는 가장 멋지고, 가장 튼튼한 건물이 무엇인지를 말입니다. 그것은 아마 풍부한 자본으로 지은 어느 대기업의 사옥일 것입니다. 그 건물은 상당히 오랜 기간 그 자리에 존속할 것입니다. 50년 정도가 지나면 명물로 자리 잡고, 100년 정도가 지나면 지방문화재로 지정이 되고, 그리고 200~300년이 더 지나면 국가문화재로 지정되어 세심한 관리를 받을지도 모릅니다. 500년쯤 지나면 국보급 문화재가 되어 전 세계의 관광객을 끌어모을지도 알 수 없는 일입니다. 피라미드가 그러하고 대성당들이 그러하듯이, 베르사유 궁전과 경복궁이 그러하듯이, 사람보다 더 오래 살아 남을 현대의 건물. 그것은 아마 최고의 자본, 최대의 권력을 상징하는 고층 빌딩들일 것입니다.

마지막 _ 우리에게 집이란?

집이나 건물을 짓기 위해서 인간에 대한 공부를 해야 하는 이유는 무엇일까요? 인간에 대해 잘 알지 못하고 지은 건축은 큰 불편과 폐해를 유발하기 때문입니다.

쉬운 예로 공중화장실이 있습니다. 공중화장실에 가면 유독 여자 화장실 앞에만 길게 줄을 서 있는 모습을 자주 볼 수 있습니다. '왜 여자 화장실에만 이렇게 사람이 많을까?' 의문을 품어본 사람들도 있을 것입니다.

왜 이런 차이가 날까요? 남자 화장실을 여자 화장실보다 훨씬 넓게 만들어서? 남자 화장실의 세면기와 변기 개수가 더 많기 때문에?

아닙니다. 세상 인구를 남녀로 나누면 거의 엇비슷한 숫자이듯이 남녀 화장실의 면적은 동일하며 변기와 세면기의 개수도 크게 다르지 않습니다.

다만 여성은 남성보다 방광의 크기가 작아 화장실을 더 자주 가며, 남성보다 1회 이용 시간이 더 깁니다. 남자는 입식 소변기 앞에서

선 채로 간단히 용변을 볼 수 있지만, 여자는 모두 각 개별 칸에 들어가 양변기에서 용변을 보아야 합니다. 게다가 여성에게 화장실은 용변 이외에도 다양한 행위를 처리하는 곳입니다. 또한 남녀의 숫자가 비슷하다고 해도 6세 이하의 어린이는 남자아이도 엄마를 따라 여자 화장실을 이용하는 경우가 많습니다. 또, 노인 인구는 여성이 남성보다 훨씬 많습니다. 또 여성 중에는 항상 임산부가 포함되어 있습니다.

어린이는 성인보다 화장실 이용 시간이 길며, 노약자나 임산부 등은 거동이 불편하기 때문에 화장실 이용 시간이 조금 더 길어집니다. 여성들은 화장실에서 옷매무새를 다듬기도 하고 화장도 하며, 아이가 딸린 엄마는 기저귀도 갈고 때로는 수유를 하는 경우까지도 있습니다.

이처럼 여자 화장실은 어린이와 노약자의 이용 비율이 높고 1인당 이용 시간과 횟수가 더 김에도 불구하고, '남녀 인구수는 동일하다'는 전제만 놓고 남녀 화장실의 면적이나 변기의 개수를 동일하게 설계하기 때문에 결국 남자 화장실이 텅텅 비어 있을 때도 여자 화장실은 긴 줄을 서서 기다리게 되는 것입니다.

아무리 멋지고 훌륭한 건축물이라도 화장실을 가기 위해 긴 줄을 서서 한참을 기다려야 한다면 그 건물에 대한 인상이 긍정적으로만 남지는 않을 것입니다. 게다가 화장실을 사용하기 위해 차례를 기다리는 긴 줄은 전체 건물 내부의 조화를 깨 미관에도 좋지 않습니다.

이것은 여성만의 문제도 아닙니다. 남자와 여자는 가족이나 친구, 연인의 관계로 함께 다니는 경우가 많습니다. 그런데 여성이 화장실을 빨리 이용할 수 없으니 동행하던 남자도 함께 기다려야 하고, 그러다 보니 극장 등 공공장소에서는 여자 화장실 앞에서 남자들이 줄을 서서 기다리는 우스꽝스러운 장면이 연출되기도 합니다. 인간에 대한 이해가 선행되지 않은 채 건물의 디자인만을 생각했기 때문에 이런 일이 벌어지는 것입니다.

건축물에는 많은 것들이 응축되어 있습니다. 우리의 전통 주거 문화인 온돌과 마루를 생각해보아도 그렇습니다. 온돌은 북방의 추운 지방에서 유래한 건축양식이자 세계 어디에 내놓아도 손색없을 우리의 독창적인 주거 문화입니다. 마루는 더운 남쪽 지방에서 여름을 나기 위한 공간으로 만들어졌지만 그 집의 가장 중요한 공간으로서의 의미도 지니고 있었습니다. 나중에는 온돌과 마루가 합쳐져 우리의 전통 주거지, 한옥의 기본 구조가 완성되었습니다.

'초원 위의 그림 같은 집'으로 상징되는 박공지붕의 양옥집은 제국주의 시대 식민 통치의 흔적입니다. 이제는 대중주택이 된 아파트의 기원은 생각보다 오래되어서 제정 로마 시대까지 거슬러 올라갑니다. 이처럼 우리는 지금까지 각 집에 얽힌 역사와 변화 과정, 그 이유에 대해서 살펴보았습니다.

집 밖으로 나온 다음에도 우리는 계속해서 다양한 건물 사이를 오가며 하루를 보냅니다. 학생들은 학교에 가고, 몸이 아픈 사람은 병원에 갑니다. 죄를 지은 사람들은 교도소에 갑니다. 그러나 학교와 병원, 교도소가 결국 하나의 시설에서 분화되어 만들어진 것이라는 사실을 아는 사람은 많지 않습니다.

우리가 물건을 사기 위해 가는 백화점과 전시 물품을 구경하기 위해 가는 박람회장, 살 집을 고르기 위해 방문하는 모델하우스의 뿌리가 같다는 것 역시 평소에는 의식하기 힘듭니다.

사람들은 다양한 종교를 믿습니다. 그중 우리나라에서 가장 인지도 높은 종교는 역시 기독교와 불교일 것입니다. 언뜻 보았을 때 두 종교가 가진 문화적 차이는 커 보입니다. 교회와 사찰은 외부 형태, 내부 구조, 각 건물이 자리한 위치부터 많이 다릅니다.

하지만 결국 종교가 '신과 종교적 진리를 섬기고 구도를 위한 삶을 탐구하는 것'이라는 점에서 동일하듯이, 사찰과 성당, 교회 등의 건물들은 겉모습은 달라 보여도 여러 공통된 원리를 가지고 있습니다. 빛을 이용해 신성한 분위기를 만든다는 것, 속세에서 성역으로 들어서는 여과장치를 만든다는 것 등등, '종교'라는 본질을 살리기 위한 건축적 노력은 종교의 종류에 관계없이 공통된 것입니다.

세상에는 다양한 집이 있습니다. 거리에는 마치 사람의 얼굴처럼 모두 달라 보이는 다양한 건물들이 있습니다.

먼 옛날, 삼국 시대와 조선 시대의 건축물이 아직까지 남아 있는가 하면 요즘은 예전에 비해 튼튼한 건물들이 지어짐에도 사회적 용도에 따라 금세 철거되고 또 새로 올라갑니다. 그렇게 우리가 사는 삶의 공간은 계속해서 그 모습을 바꾸고 있습니다.

우리는 왜 집과 건물에 대해 생각해보아야 할까요? 건물이란 그저 우리의 생활을 좀 더 편리하게 만들어주는 삶의 껍질 같은 것이라고 생각하는 사람도 있을 것입니다. 학업이나 사회생활로 바빠지면서 하루의 대부분을 밖에서 지내고 '집은 잠만 자는 곳'이라 여기는 사람들도 많아졌습니다.

하지만 집을 잠만 자는 곳이라 여기거나 각종 건물을 그저 목적에 따라 옮겨 가는 단순한 장소의 나열로만 여기게 되면, 우리의 삶 역시 그저 먹고 자는 반복 행동의 연속에 지나지 않게 될 수 있습니다.

　기본적으로 건물은 사람보다 크고 거대합니다. 그래서 우리는 집, 각종 건축물들, 그리고 그 건물들이 모인 거리와 구획, 나아가 국가와 세계를 바라보기 어렵습니다. 나보다 작은 것을 바라보기는 쉽지만 나보다 큰 것의 형태를 파악하기는 어려운 법입니다.

　집과 건물들, 그것들이 위치한 공간을 바라보기 위해서는 그만큼 큰 시야가 필요합니다. 시야를 넓힌다는 것은 나와 내 주변을 살펴보는 데서 나아가 우리 사회의 움직임, 역사적·경제적 흐름을 파악하는 것입니다. 그리고 건축의 변화는 이 흐름과 아주 밀접하게 관련되어 있습니다. 즉, 건축을 공부한다는 것은 나의 시야를 넓히는 것, 나아가 내가 사는 세상을 이해하는 공부인 것입니다.

　여러분은 이제까지 건물을 어떤 시각에서 바라보고 있었나요? 이제부터는 거리에 즐비한 각종 건물들이 여러분에게 새로운 세상을 여는 문이 될 수 있기를 바랍니다.